ROMANS, CONTES

ET

NOUVELLES LITTÉRAIRES.

1.ʳᵒ SÉRIE. — L'Orient.

TOME II.
LES HINDOUS ET LES PERSANS.

ROMANS, CONTES,

ET

NOUVELLES LITTÉRAIRES;

HISTOIRE

DE LA POÉSIE ET DE LA LITTÉRATURE
CHEZ TOUS LES PEUPLES.

1.re SÉRIE. — L'Orient.

TOME II.

LES HINDOUS ET LES PERSANS.

STRASBOURG, imprimerie de F. G. Levrault.

LES
FILS DU RAJAH.

PAR

JULES JANIN.

PARIS,
Chez F. G. Levrault, rue de la Harpe, n.° 81.

STRASBOURG,
Même maison, rue des Juifs, n.° 35.

1834.

PRÉFACE.

Ce second volume est tout entier consacré à l'histoire de la poésie et de la philosophie indiennes. La chronologie des Indiens, aussi bien que celle des Chinois, est faite pour épouvanter les jeunes peuples de l'Europe qui ne comptent guère que depuis dix-huit cents ans. Vous sentez donc que j'ai dû être quelque peu embarrassé, quand j'ai voulu faire l'histoire littéraire qui s'est passée aux bords de l'Indus et du Gange, parmi ces peuples où Pythagore s'en vint de la Grèce pour chercher la sagesse.

Aussi n'ai-je pas tenté de la faire, cette histoire qui confond les plus savans et les plus habiles. Entreprendre de donner une idée de cette religion des Hindous et des Persans, qui a eu ses temples, ses prêtres et ses mystères dès le commencement du monde; vouloir raconter la filiation de ces mœurs brahmanes qui se perd dans la nuit des temps; distinguer ces sectes qui se divisent à l'infini comme les rayons du soleil;

reproduire ces lois qui rappellent dans leur ensemble les plus sages lois de l'Évangile ; expliquer comment toutes sciences nous sont venues de l'Inde : médecine, économie, poésie, morale, l'apologue même, ce bienfait divin, cet enseignement à l'usage de tous les peuples, enfans ou non, voilà ce que je n'aurais pas osé entreprendre. La tâche était au-dessus de mes forces et au-dessus de l'intelligence de mes jeunes lecteurs. Je le répète, ceci est tout-à-fait un livre non pas de science, mais d'impressions poétiques. Pourvu que la poésie de chaque peuple se retrouve dans ces divers traités aussi éclatante, aussi naïve, aussi inspirée que possible, j'aurai atteint mon but. Que puis-je faire autre chose en effet que démontrer ceci à mes jeunes lecteurs : à savoir que par-delà l'Europe et tout aux lieux où le soleil se lève, il y a des nations qui ont été policées, élégantes, savantes, poétiques, guerrières, riches, civilisées et religieuses, non-seulement bien avant nous autres, qui ne comptons que d'hier, mais bien avant la Grèce elle-même ? L'histoire de ces vieux peuples qui ont doté le monde de tant de génie et de tant d'inspirations, ne peut mieux se révéler aux imaginations des jeunes gens que par leurs poésies et leurs ouvrages dans tous les genres. A de pareilles distances, les individus s'effacent devant les masses, les rois font place aux nations; les poètes eux-mêmes perdent leur individualité : ils n'ont plus de noms, même dans les poésies qu'ils ont faites; on les voit de loin, comme les pyramides d'Égypte qu'on admire, sans savoir le nom de ceux qui les ont fait bâtir; inutiles et magnifiques tombeaux!

J'ai donc imaginé une fable bien simple, qui pût me servir à amener tour à tour la citation d'un poème, d'une fable, d'un livre de sentences ou d'un drame, car les Indiens ont excellé dans toutes les parties de cet art poétique dont les règles ont été si admirablement écrites par Aristote, par Horace, par Despréaux, et qu'ils ont pratiquées tous les premiers. Vous verrez quels sont les poèmes des Hindous, vous savez déjà quelles sont leurs fables, car ces fables ont passé de l'Indien Pilpay au Phrygien Ésope, d'Ésope à l'affranchi d'Auguste, et de Phèdre au fabuliste qui résume tous les fabulistes du monde, à Lafontaine. Voilà comment l'Inde tient à la Grèce, la Grèce à l'Italie, l'Italie à la France. Vous reconnaîtrez aussi dans les différens préceptes que j'ai rassemblés de côté et d'autre parmi les moralistes indiens, toute la sagesse de cette heureuse, humaine et douce nation, si soumise à ses maîtres, si résignée à ses destinées, traversée par tant de guerres, agitée par tant de révolutions ; c'est surtout par la tolérance que se distingue la morale des Indiens. La tournure neuve et originale, la manière piquante dont leurs maximes sont présentées, ne doivent pas moins intéresser le littérateur que le philosophe. Pourvu qu'ils rendent leur idée morale dans toute sa clarté originale, peu leur importe la manière dont ils l'expriment. Bientôt vous les verrez déployer toutes les ressources de leur esprit inventif, dans des images charmantes et animées, dans des allégories frappantes, dans des comparaisons ingénieuses qui donnent la vie et l'intérêt aux sujets les plus arides. Sous leur plume la morale et même la politique prennent tout l'intérêt du roman ou du conte. Vous en verrez plusieurs beaux exemples dans ce récit.

Quant au drame indien, je m'estime fort heureux de pouvoir donner à mes jeunes lecteurs une idée admirable, de ce que le génie de l'Inde a produit de plus beau en ce genre, *La Reconnaissance de Sacountalá*. Ce beau drame, qui tiendrait sa place à côté de tous les chefs-d'œuvre de tous les théâtres du monde, sans en excepter la Grèce au temps d'Euripide, et la France au temps de Racine, est pourtant une découverte toute récente pour nous autres savans littérateurs du dix-neuvième siècle. Cette découverte importante nous la devons à un jeune homme qui est mort il y a trois ans, à M. de Chezy, le disciple aimé de M. de Sacy. Or, voici comme M. de Chezy lui-même raconte l'histoire de sa découverte.

« Jamais, dit-il, je n'oublierai l'impression
« ravissante que fit sur moi la lecture du drame
« de Sacountalâ; lorsqu'il y a environ trente
« ans, la traduction anglaise de ce chef-d'œuvre
« si célèbre, par W. Jones, vint par hasard
« à tomber sous mes yeux. Mais, pensai-je
« alors, tant de délicatesse, tant de grâce,
« cette peinture si attachante de mœurs qui
« nous donnent l'idée du peuple le plus poli
« et le plus spirituel de la terre, et nous ins-
« pirent l'envie d'aller chercher le bonheur
« près de lui; tout cela, pensai-je, est-il bien
« dans l'original indien, ou ne serait-ce point
« une pure illusion due au style gracieux, à
« l'imagination brillante du traducteur? »

Et aussitôt le jeune savant, tout passionné

pour le chef-d'œuvre qu'il veut lire dans l'original, se met à étudier la langue sanscrite. Que de peines il s'est données! Dabord il fut obligé de faire sa grammaire, de composer son dictionnaire; il lui fallut plusieurs mois pour comprendre le système des conjugaisons et des déclinaisons sanscrites, plusieurs mois pour en savoir l'orthographe; mais, enfin, à force de travaux, d'étude et d'intelligence, M. de Chezy parvint à lire couramment ce chef-d'œuvre, dont il fit une traduction qui est elle-même un chef-d'œuvre : c'est un abrégé de cette traduction que nous donnons à nos lecteurs.

Sacountalâ est dédiée par M. de Chezy à son maître, M. de Sacy : *Si ma Sacountalá reçoit de vous un accueil favorable, je l'aimais déjà beaucoup, mais alors je l'adorerai.*

Donc *Sacountalá*, dans ce volume de l'histoire littéraire des Indiens, tiendra la même place que le beau fragment d'*Antar* dans l'histoire de la poésie arabe. Vous verrez ainsi dans tout le cours de ces récits comment il existe dans chaque littérature un chef-d'œuvre à part qui pourrait la représenter au besoin, quand toutes les autres branches de cette littérature seraient perdues.

Que si vous me demandez pourquoi j'ai fait l'histoire de la poésie arabe avant de faire l'histoire de la poésie des Hindous, je vous dirai franchement qu'en ceci j'ai obéi à je ne sais quelle vieille habitude de notre éducation; seulement vous avez déjà remarqué que dans cette histoire de la poésie arabe, j'ai laissé de côté la Bible et les Hébreux. Les Hébreux et la Bible sont bien plutôt le point de départ de la littérature moderne que de toute autre littérature. La Grèce, Rome et l'Espagne se sont ressenties de l'Inde, de la Perse et de l'Arabie; la France, l'Italie du moyen âge et l'Angleterre se sont ressenties surtout de la Bible; c'est donc là un point de départ littéraire pour les littératures qui ne sont ni grecques ni romaines; c'est donc là un livre qui mérite une histoire à part et que nous ne pouvions pas placer dans nos premières séries, sous ce prétexte que la Bible est un livre de l'Orient.

On me demandera peut-être pourquoi, dans cette histoire de la poésie orientale, la littérature persane tient si peu de place, et aussi pourquoi la littérature turque est à peine indiquée? A cela je répondrai tout simplement que je me suis proposé dans le cours de ces histoires de ne parler jamais que de chefs-d'œuvre, non pas des chefs-d'œuvre relativement à la littérature qui les a produits, mais relativement à toutes les littératures, et surtout à la nôtre. Sans nul doute, il n'y a pas un poète de l'Europe qui n'avouât comme siennes la *Sacountála* de l'Inde, ou le poème arabe d'*Antar*, ou les descriptions de Ferdoussy, le Persan, ou les vers de Saady, le Persan, ou les odes d'Hafiz, le Persan, ou les admirables conseils du Turc Nabi-Effendi à son fils. J'ai donc pensé que la philosophie turque était dignement représentée par Nabi-Effendi, et la littérature persane suffisamment représentée par Hafiz, Saady et Ferdoussy. La Perse conserve d'ailleurs le nom d'un terrible poète, qui a fait taire tous les autres et qui n'est pas de notre domaine; ce poète, c'est Alexandre le Grand!

La suite de cette histoire sera consacrée à la Chine. Nous terminerons par la Chine cette première série, après quoi nous entrerons dans la Grèce, ce reflet perfectionné, agrandi, admirable de l'Orient.

LES
FILS DU RAJAH.

CHAPITRE PREMIER.

Sur les bords du Gange subsiste encore une ville célèbre sous le nom de Patna, où régnait autrefois un Rajah doué des plus grandes qualités. Un jour ce prince entendit réciter les sentences suivantes :

Celui qui ne possède pas un livre propre à lever les doutes, à découvrir les trésors cachés, et semblable à un miroir qui réfléchit tous les objets, ne sera jamais qu'un ignorant.

Jeunesse, grande fortune, haute naissance et inexpérience sont, chacune en particulier, la source de la ruine. Quel sera donc le sort du malheureux mortel en qui elles se trouvent réunies?

Ces sentences des sages de l'Inde donnèrent beaucoup à réfléchir au Rajah. Il avait deux enfans, qui commençaient à grandir et qui lui donnaient de belles espérances; mais plus ses espérances étaient grandes, plus aussi étaient grandes ses inquiétudes, car il se souvenait parfaitement des sentences suivantes :

Quel avantage d'avoir un fils dépourvu de sciences et de vertus? Quel est l'usage d'un œil qui ne voit pas?

Les qualités du fils font respecter le père.

Un enfant d'esprit est un bienfait du Ciel. Il n'en est pas ainsi de mille enfans insensés. Une seule lune dissipe mieux les ténèbres qu'une légion d'étoiles.

Et chaque jour le Rajah, voyant ses fils grandir, sentait toute la sollicitude d'un prince et d'un roi. Qui donc montrera à mes enfans le vrai chemin de la sagesse, et qui donc leur enseignera ces deux choses qu'il est si important de savoir, le bon et le beau? Tels étaient les discours que se tenait à lui-même le digne Rajah, et il était bien rempli de soucis et d'ennuis.

A la fin il reprit courage, car il se souvint fort à propos de ces maximes :

La fortune vient à l'aide de celui qui s'aide lui-même.

Un chariot ne peut marcher avec une seule roue ; de même le sort n'est pas favorable sans les efforts des hommes.

Comme le potier donne au morceau de terre la forme qui lui plait, de même l'homme peut régler ses propres actions.

L'homme dépourvu de connaissances ne se fera jamais remarquer, malgré tout l'éclat de sa jeunesse, de sa beauté, et même de sa naissance ; il ressemble à une fleur qui n'a aucun parfum.

Le Rajah, encouragé par ces sages préceptes, résolut donc de ne pas s'abandonner lui-même, et, au lieu de perdre son temps à se lamenter sur l'éducation négligée de ses deux enfans, il se mit en quête d'un précepteur qui pût leur apprendre ce qui est beau et ce qui est bon, deux choses qui renferment toute la science des hommes.

Cette terre de l'Inde est la plus vieille patrie des poètes et des sages. C'est une vaste et riche contrée, située entre deux chaînes de montagnes, baignée par la mer, arrosée par de grands fleuves et couverte de villes. Une grande tranquillité règne en tout temps sur cette terre bénie du Ciel. Là point d'ambition et point de rivalités, comme chez les autres peuples du monde. Chaque Indien appartient irrévocablement à la caste dans laquelle il est né; il n'en peut sortir que par la mort. Chaque caste a son devoir irrévocablement tracé sur cette terre. Le *Brahmane* instruit la jeunesse et dirige les sacrifices; le *Kchatriya* rend la justice au peuple et le défend les armes à la main; le *Vésya* cultive la terre et fait le commerce; le *Paria* est l'esclave de ses frères aînés : il est né pour les servir, pour leur obéir avec respect. Personne dans aucune de ces castes ne cherche à enfreindre la volonté de Brahma, le Dieu de l'Inde. Car prêtres et juges, laboureurs et parias, tous sont les fils de Brahma; seulement le Brahme est né de la tête de *Brahma*, le guerrier est sorti de son bras, le laboureur de sa cuisse, le paria est sorti de son pied. La soumission est le premier devoir de l'Indien, et s'il a obéi toute sa vie, quand il est mort, il quitte sa caste pour passer dans une caste meilleure. Les Indiens de la première caste ne sont pas soumis aux travaux de la vie civile. Enfans, ils suivent les leçons d'un Brahmane ou prêtre de Brahma; puis ils deviennent ou chefs de maison ou anachorètes. La vie contemplative est fort en honneur chez les Brahmes. Souvent, au milieu des vieilles forêts qui couvrent cette terre de repos, vous rencontrez ces vénérables vieillards dégagés du monde, qui ne songent qu'à veiller sur leur ame. Les uns vivent tout seuls sous quelque roche reculée au bord d'un ruisseau, et leur vie se passe dans les méditations et le recueillement; les autres réunissent en commun leurs vertus et leurs prières, et tel est l'ascendant de leurs vertus, que même les bêtes féroces de la forêt se courbent devant eux et les saluent avec respect.

Le Rajah, qui voulait trouver à tout prix un précepteur pour ses fils, eut bien du chemin à faire. Il parcourut bien des contrées, tantôt gravissant des montagnes, tantôt traversant des vallées; il côtoya bien des plaines fertiles, couvertes de moissons de riz et entrecoupées de ruisseaux limpides où brillait la douce fleur du lotus;

comme aussi il traversa bien des forêts magnifiques, habitées par l'Antilope, la noire indigène de ce pays. Ces bois étaient peuplés d'espèces d'arbres innombrables. Un jour le prince s'arrêta pour admirer un figuier merveilleux. Cet arbre paraissait vieux comme le monde. De son tronc, qui était d'une largeur immense, s'élevait un cercle de branches qui, redescendant en berceau, avaient repris racines dans le sol et étaient devenues autant de nouveaux arbres, qui allaient tous en se replongeant dans la terre, et sans cesse se croisant les uns sur les autres. A l'aspect de cet arbre vieux comme le monde, le Rajah ne put s'empêcher de jeter un cri d'admiration. A ce bruit un vieillard, que le prince n'avait pas aperçu, fut tiré d'une méditation profonde. L'aspect de ce vieillard était noble et imposant : il était assis au pied de ce vieil arbre, sur une peau qui recouvrait un siége de gazon. Sur ses épaules était la dépouille d'une Antilope noire, et par-dessous ce manteau il avait mis une robe de lin d'une blancheur éclatante. Autour de son corps il avait une ceinture formée d'un triple fil, et de son épaule à son côté droit descendait un cordon dont le coton avait fourni la matière. A côté de lui était un petit vase pour les ablutions et un bâton de *palluîa*, couvert de son écorce, droit et non brûlé par le bout. Ce bâton, lorsqu'il le tenait, pouvait aller jusqu'à la hauteur des cheveux qui descendaient sur son front. Le regard de ce bon solitaire était doux et bienveillant; sur son visage recueilli étaient empreintes en longs sillons les traces des efforts qu'il avait faits pour se rendre le maître de ses passions. Le vieillard leva sur le Rajah des yeux pleins de douceur, et sur ses lèvres entr'ouvertes vint expirer la syllabe sacrée: *aum !* son mystérieux et divin.

Le Rajah reconnut aussitôt à son costume que c'était là un de ces saints Brahmanes appelés *Mounis*, si respectés chez les Indiens. Il s'approcha avec respect et il lui dit : Docte et pieux *atchûryya*...

A ces mots le vieillard fit un signe d'interruption. — Étranger, dit-il au Rajah, votre langage est trop flatteur; le sage Manou, le législateur des Indiens, a dit : *Fuyez la louange comme le poison, aimez l'humilité comme l'ambroisie!* Mais quel destin vous amène dans nos contrées : le commerce, le malheur peut-être?

— Non, mon père, dit le Rajah; ce qui m'amène dans vos contrées, c'est le désir de m'instruire.

— C'est bien, reprit le vieillard; il est trois choses qui ne portent qu'un vain nom : *c'est un éléphant de bois, une antilope de paille et un homme sans instruction.* Rien ne doit coûter pour acquérir la science. Vous êtes digne de l'obtenir : en creusant la terre, on trouve l'eau; en travaillant, on rencontre la science.

— Ah! dit le prince, si le désir d'apprendre était un titre à vos yeux, je pourrais aspirer au bonheur d'emprunter quelque chose à votre savoir.

— Prenons garde, voyageur, reprit le vieillard. La science dit au Brahme : « Je suis un trésor dont la garde t'est confiée; ne va pas le livrer à l'homme vicieux, il en gâterait tout le prix; mais qu'un homme pur et modeste se présente, sans danger tu peux me remettre entre ses mains. » Vous rougissez, noble étranger; ah! je n'ai point voulu vous offenser; je ne vous crois pas du nombre de ceux dont on dit : *Semer la science dans une ame qui n'est ni vertueuse ni avide de s'instruire, c'est jeter une bonne semence dans un terrain pierreux*. Parlez donc, que voulez-vous de moi?

— Maître, dit le prince, je suis le Rajah de Patna; j'ai deux fils que je voudrais faire instruire dans les lois de Manou et dans les vers des poètes; c'est pour mes fils que je cherche la science, et je vous prie de les recevoir avec indulgence et noble pitié.

A quoi le Brahme répondit : Les jeunes princes, ô puissant Rajah, étant issus d'une illustre race, sont dignes de l'éducation que tu désires pour eux. Mais où sont-ils?

— Ils ne sont pas loin d'ici, dit le Rajah, et je vais te les chercher, ô mon père! afin qu'ils se réchauffent au soleil de ta science. En même temps il courut chercher ses enfans, qui l'avaient suivi dans son voyage.

CHAPITRE II.

Quand le Rajah revint auprès du Brahme, il était suivi de ses deux fils. L'aîné des jeunes princes avait douze ans ; le cadet avait deux ans de moins que son aîné. Ils s'approchèrent avec un profond respect du vieillard et ils touchèrent ses pieds en signe de soumission.

Alors le Brahme leur débita gravement ces sages maximes, qu'ils écoutèrent avec la plus grande attention :

La science, pour l'homme, est préférable à la beauté ; la science vaut mieux que les trésors cachés ; la science est une compagne de voyage dans les pays étrangers ; c'est une force inépuisable, un œil perçant, un aliment vivifiant. Elle est la mère de la renommée. Elle donne l'avantage dans le conseil. L'homme qui n'a pas de science dans ce monde, est un animal sauvage.

Un pays privé des eaux du Gange est maudit. Une famille privée de science est maudite.

Les sages s'amusent avec les ouvrages des poètes, tandis que les insensés perdent leur temps sur des objets inutiles, dans l'oisiveté ou dans le sommeil.

A ces mots les jeunes princes s'inclinèrent : *Soyez notre ami*, s'écrièrent-ils.

—Je ne serai votre ami, leur dit le vieillard, que lorsque vous aurez dignement répondu à mes questions. Savez-vous qui a fait ce monde et quel est ce monde?

A quoi l'aîné des enfans répondit:

— Ce monde visible n'est autre chose que la manifestation de l'Être invisible qui, tour à tour reproduisant au dehors ou rentrant en lui-même, crée ou anéantit le monde. L'intervalle de temps pendant lequel il est resté enseveli dans l'inaction, s'appela nuit de *Brahma.* Nous appelons un jour de Brahma, le temps qu'il daigne se manifester. Voici bientôt quatre cent trente-deux millions de nos années humaines depuis que Brahma s'est manifesté aux hommes pour la première fois. Mais qui pourrait dire l'âge de Brahma, puisque Brahma est immortel? Oui, quand ce Dieu, comme fatigué d'avoir soutenu sa création, commence à se replier sur lui-même, tout disparaît et les siècles s'écoulent sans être mesurés par le soleil. Il dort, tous les êtres s'endorment avec lui; l'ame de la nature est assoupie; le mouvement du grand esprit a cessé; les ressorts matériels se brisent et les élémens confondus sont absorbés par le grand Être. Mais il s'éveille, le monde renaît, tout reprend avec l'existence une forme nouvelle; un esprit vital est semé dans toute la nature; une secrète énergie anime la matière et tout proclame le réveil de Brahma, qui semble, en jouant, former l'univers. Mais, avant tout, le Dieu, avide de créer, reproduit les eaux, au milieu desquelles il a jeté un germe; c'est un œuf d'or, brillant de mille rayons. Dans cet œuf, Brahma, souffle vivant, se renferme lui-même et flotte long-temps sur les eaux; le Dieu, pendant un an, habite ce séjour: alors, par sa puissance, il coupe cet œuf en deux parties, dont il forme le ciel et la terre.

Ainsi répondit le jeune prince aux questions du Brahme, et le Brahme, par un sourire, témoigna qu'il était satisfait.

Après un instant de silence : Répondez à cette autre question, dit le Brahme au plus jeune des princes. — Qui suis-je? — Où suis-je? — Où vais-je?

Alors le jeune enfant répondit en ces termes d'un air inspiré:

— Qui tu es? tu le demandes? Ne t'arrête pas à cette enveloppe extérieure; vois en toi autre chose qu'un corps périssable; vois en toi non pas seulement l'image de Dieu, mais encore une portion de l'ame universelle. Ton ame n'est assujettie ni à la naissance, ni à la mort; on ne peut point dire qu'elle a été, qu'elle est, ou qu'elle sera : elle ne connaît point la distinction des temps, elle est éternelle. Immuable et libre, quand son habitation est détruite, elle n'éprouve point d'altération. Incorruptible et pure, elle n'est point souillée par le contact de la matière. Comme un vieux vêtement que l'on quitte pour en prendre un autre, l'ame laisse un corps pour en revêtir un nouveau. Le fer ne saurait la couper, le feu la brûler, l'eau la mouiller, l'air la dessécher; elle échappe aux atteintes de tous les élémens, et victorieuse de la mort, invulnérable, invisible, universelle, elle est dans tous les lieux, elle est de tous les temps.

Ainsi parla le jeune prince; le Brahme lui sourit, comme il avait souri à son frère.

— Oui, mon fils, lui dit-il, oui, tu as raison : c'est Dieu, c'est le grand Brahma qui vit en nous; le culte que nous lui devons est de remplir notre destinée. Souviens-t'en, mon fils, remplir les devoirs de la société, c'est là une des grandes manières de témoigner à Brahma sa reconnaissance et son amour. Ainsi donc, jeunes princes, apprenez qu'il y a un temps pour agir, un temps pour se reposer. Jeunes gens, fréquentez les palais des Rajahs, vos égaux : ne redoutez ni le bruit du monde, ni le fracas de la guerre; souvenez-vous toujours de protéger le faible, de fuir l'injustice et de veiller pour le salut de tous. Un bon prince est pour le peuple ce que le nuage qui renferme la pluie est pour les plantes de la terre. Souvenez-vous encore de ceci : Celui qui a la foi obtient la sagesse; avec le glaive de la sagesse il faut trancher les doutes de notre ame. Brahma au dernier jour ne vous demandera pas si vous avez tout compris, il vous demandera si vous vous êtes purifiés par la prière, l'aumône et la mortification. Comme le serpent se délivre de son ancienne peau, l'homme par la prière se délivre du péché. Jouir des biens que Dieu nous accorde, sans l'en remercier par la prière, c'est un véritable vol. Ce que la pluie est pour la terre aride, la nourriture pour l'homme affamé, l'aumône l'est aussi pour le pauvre. La beauté de l'homme, c'est la sagesse, comme la beauté du rossignol est sa voix. Ainsi pense, ainsi agit le véritable adorateur de Brahma.

En même temps le vieux Brahme, croisant les bras et levant les yeux au ciel, prononça cette prière dans l'effusion de son cœur :

« Dieu tout-puissant, l'univers est rempli de ta gloire ; il t'adore, il te bénit. Les mauvais génies fuient devant toi frappés de terreur, et la troupe des saints te révère et chante tes louanges. Auteur et soutien du monde, être pur et impérissable, père des temps, ame de l'univers et maître de la nature, tu es en tout lieu, tu es la source de toute existence. Honneur, honneur à toi, mille fois honneur! Infini dans ton pouvoir et dans tes perfections, tu es tout, tu remplis tout. Essence inconcevable, source de toute sagesse, de toute science, de toute majesté, le monde, ton ouvrage, passe et périt; toi seul, tu es immuable. Rien n'est semblable, rien n'est égal, rien n'est comparable à toi, au ciel, sur la terre et dans les enfers. Je me prosterne devant toi, humble et suppliant, ô seigneur, j'implore ta miséricorde ! »

A ces mots le vieillard se tut; il semblait abîmé dans ses méditations.

CHAPITRE III.

Quand le digne Brahmane fut revenu de son extase, il se retourna vers le Rajah d'un air serein et il lui dit :

— Illustre Rajah, que ta vieillesse soit bénie et honorée. Le Ciel t'a donné deux enfans qu'a visités l'esprit de Brahma. Tu n'avais pas besoin de venir chercher la science d'un pauvre homme comme moi, toi qui as su te méfier de ta sagesse. Va donc en paix, retourne dans ta ville, et puisque tu es en route, montre à tes enfans ce que tu trouveras de curieux dans ton chemin. Ce n'est pas assez de les avoir fait lire dans des livres, montre-leur des hommes.

Puis, se tournant vers les deux jeunes princes, il leur dit : Avant de vous quitter pour ne plus vous revoir que là-haut (et il montrait le ciel), le vieux Brahmane veut vous faire un présent, afin que vous vous souveniez de l'avoir vu et entendu, afin aussi que vous mettiez son nom dans vos prières. Prenez ce livre. J'y ai réuni la sagesse de tous les peuples dont la sagesse est venue jusqu'à nous. Adieu. Lisez mon livre et donnez-lui une petite place dans votre cœur, à côté des enseignemens de Pilpay, le sage Brahmine. En même temps il bénit le Rajah et les deux enfans, puis il retomba dans sa méditation.

Or, voici les principales maximes de sagesse et de morale pratique, contenues dans le livre que le Brahmine remit aux enfans du Rajah.

La crainte de Dieu est le commencement de la sagesse.

Le savant est dans sa patrie ce que l'or est dans le creuset qui l'épure.

Quiconque est sage et savant à ses propres yeux, n'est qu'un ignorant aux yeux de Dieu et des hommes.

Défiez-vous, si vous ne connaissez pas.

Le char de l'espérance est toujours escorté du besoin.

Le moyen de réussir dans ses entreprises est de les cacher.

L'homme qui vous flatte, est l'homme qui vous hait.

La langue d'un muet vaut mieux que celle d'un médisant.

Faites du bien, si vous voulez qu'on vous en fasse.

Voulez-vous être le censeur des autres? commencez par l'être de vous-même.

Le premier degré de la colère, c'est la folie; le dernier, c'est le repentir.

Chercher à se justifier quand on n'est pas coupable, c'est s'accuser.

Défie-toi du noble que tu auras méprisé, du sot avec qui tu auras joué, du savant que tu auras attaqué, du méchant avec qui tu auras lié amitié.

Un sage indigent vaut mieux qu'un riche impertinent.

Écoute, apprends, tais-toi, et sois en paix avec toi-même.

Trois choses font la perfection : la dévotion en fait de religion; la patience dans l'adversité; la prudence dans tout le cours de la vie.

Un riche sans libéralité est un arbre sans fruit.

Un pauvre sans patience est une lampe sans huile.

L'insensé se fait reconnaître à ces six caractères:

il se fâche sans sujet; il parle à propos de rien; il se fie au premier venu; il fait des échanges sans besoin; il n'a de désir que pour ce qui n'est pas à lui, et ne sait point distinguer son ami de son ennemi.

Un chameau changé contre un autre, n'est toujours qu'un chameau.

Un grand parleur n'aime pas à en trouver un autre.

On n'est pas brave pour avoir une peau de panthère.

Votre ennemi le plus dangereux est dans vous-même.

Le jour de demain deviendra bientôt le jour d'hier.

N'espérez pas recueillir où vous n'avez pas moissonné.

On entend bien le bruit de la meule, mais on ne voit pas la farine.

L'épée s'émousse à force de trancher.

N'ouvrez point la porte quand il doit être honteux de la fermer.

Une nourrice qui nous aime, vaut mieux qu'une mère qui nous dédaigne.

Il faut que le fumier se fasse sentir dans un champ, avant d'y respirer le parfum des fleurs.

L'homme accoutumé à voyager à pied, en a plus de plaisir à voyager en voiture.

C'est l'homme qui s'égare et non le destin qui varie.

Mesure la profondeur de l'eau avant de t'y plonger.

Toute mère se complaît dans son fils.

Tout paraît beau dans l'objet aimé.

Le meilleur cheval est sujet à broncher.

Il ne faut qu'un peu de fiel pour gâter beaucoup de miel.

Il n'y a pas d'oiseau qui ne s'admire chanter.

La mort d'un âne est une fête pour les chiens.

Le serpent est doux au toucher, mais ses blessures sont mortelles.

Deux épées ne peuvent tenir dans un même fourreau.

L'agneau n'engraissera jamais sous les yeux du loup.

Ce lionceau vigoureux, quel fut son père? Un lion.

La topaze n'en est pas moins topaze, pour n'être pas vendue ce qu'elle vaut.

La lune ne brille jamais plus qu'au milieu des ténèbres.

Est-il des étoiles qui égalent la lune en splendeur?

Il est aisé de distinguer l'homme qui pleure, de l'homme qui fait semblant de pleurer.

Combien de rameaux en fleurs qui n'ont donné que des feuilles?

Tous les animaux ont des défenses, mais tous n'ont pas des griffes.

La mèche surnageant dans l'huile, s'en nourrit; plongée dans l'huile, elle s'y éteint.

On devient insensiblement vil avec un maître qui est vil.

Le grand homme est un but contre lequel la fortune dirige ses traits.

L'homme est l'enfant du jour présent; il n'appartient plus au jour passé.

L'homme honnête que vous honorez devient un autre vous-même; l'homme lâche que vous considérez devient votre ennemi et un ennemi insolent.

Point de chagrin dont on ne trouve un jour le terme; point de position dans la vie qui ne fasse place à une autre.

Ne méprise point un homme parce qu'il a la démarche modeste d'un client ou des habits usés; l'abeille n'est qu'un insecte grêle et sans force, mais sa ruche fournit à l'homme le miel dont il se nourrit.

L'aurore a-t-elle besoin de flambeaux pour être vue?

C'est la justice qui peuple le monde; c'est l'injustice qui le dévaste.

O toi qui t'adresses à l'ouvrage de Dieu pour en obtenir quelque bienfait, oublies-tu que tous les dons de l'homme appartiennent à Dieu?

Sois humble et ressemble à l'étoile qui brille aux yeux du spectateur et l'éclaire sans être aperçue, quoiqu'elle soit bien au-dessus de lui, et garde-toi de ressembler à la fumée qui s'élève au plus haut des cieux, quoiqu'elle vienne d'en bas.

L'homme qui pardonne à son ennemi et lui fait du bien, ressemble à l'encens qui embaume le feu qui le consume.

Salut à la nuée qui se résout en pluie au premier coup de tonnerre, et vive l'homme qui donne aussitôt qu'il a promis !

N'aimez dans votre ami que lui-même.

Un roi sans justice est un fleuve sans eau.

Il faut bien aimer à perdre, pour vendre son ame et sa conscience une obole.

Tout être qui respire appartient à la mort : heureux celui qu'elle moissonne dans son printemps.

Celui dont la langue ignore le mensonge, ne s'expose point à faire des chutes.

En apprenant à se connaître soi-même, on apprend à connaître Dieu.

Que gagne-t-on à fréquenter les hommes ? On devient méchant comme eux.

L'oubli de soi-même est la pierre de touche de la vraie grandeur et la perfection de la sagesse.

Ce grand arbre a commencé par un noyau.

Le cheval se soumet à l'homme, mais il faut l'avoir dompté.

La sagesse est le meilleur des protecteurs, puisqu'avec celui-là vous n'en désirez plus d'autre.

Celui qui prend un corbeau pour guide, ira droit à un cimetière.

Maudit soit pour vous le pays où vous n'avez point d'ami.

Petite fortune bien dirigée se soutient; grande fortune sans ménage est bientôt dissipée.

Le monde est doux pour celui qui l'ignore; il est amer quand on le connaît.

Faites du bien; votre récompense sera, sinon le souvenir des hommes, au moins celui de Dieu.

Tant que vous gardez votre secret, vous en êtes le maître; du moment où vous le laissez échapper, vous en devenez l'esclave.

Apprenez : — combien de temps? depuis le berceau jusqu'à la tombe.

Celui qui rend le bien pour le mal est sûr que Dieu le récompensera dans son paradis.

Le secret pour avoir moins à se repentir, quel est-il? de faire le moins de fautes possible.

Un coup de langue est plus dangereux qu'un faux pas; car c'est la tête qui paie les intérêts d'une indiscrétion, et le pied seul est puni d'une fausse démarche.

Ta mère t'enfanta en pleurant; autour d'elle tes amis assemblés riaient et se divertissaient. Prends soin de ton ame, afin qu'au jour de ta mort, lorsque tes amis pleureront, elle rie et se divertisse à son tour.

Vous avez des oreilles quand la vérité vous berce de ses éloges menteurs; vous êtes sourd quand la vérité fait entendre ses sévères accens.

La lune parait sur l'horizon, et le chien aboie : la lune en verse-t-elle sa lumière avec moins d'éclat?

Ce monde n'est qu'un jeu de bascule où tout va et vient, descend et remonte. Tel était au faîte de la roue qui tombe et se trouve tout de suite au bas.

Il en est d'un secret comme d'un trésor. Une fois qu'on sait où il est, on ne tarde pas à le découvrir.

Es-tu vertueux? Tu es toujours assez noble.

Il y a des mets qu'on refuse par gourmandise; il est des honneurs qu'on refuse par ambition.

La vie n'est qu'un songe dont la mort est le réveil, et l'homme qui marche entre la vie et la mort est un spectre errant pendant la nuit.

Un homme dont le nom n'est point flétri par la censure ou par le dédain, est toujours vêtu noblement.

Trois choses dont on ne peut s'assurer qu'en trois circonstances : le courage ne se connait que dans un combat, la sagesse que quand on est offensé, l'amitié que dans le besoin.

L'homme qui se justifie, prouve à son délateur qu'il est ou calomniateur, ou au moins indiscret; mais ce n'est point à l'accusé à le dire, c'est aux juges à le penser.

Tout ce qui n'est pas Dieu, n'est rien.

Le cœur d'un père est dans son fils : le cœur d'un fils est dans la pierre.

Les grands fleuves, les gros arbres, les plantes salutaires et les gens de bien ne naissent pas pour eux-mêmes, mais pour rendre service aux autres.

Un sage disait : Trois choses dont il ne faut jamais être dupe ; l'amitié des grands, les complimens d'un rival, la chaleur du soleil pendant l'hiver. Rien de tout cela n'est permanent.

Abnah fut un modèle de patience et de douceur. Un jour qu'il se promenait dans la campagne, un homme s'avance vers lui, et l'accable d'injures. Le docteur gardait un silence profond, jusqu'à ce que, arrivé à la porte de la ville, il se tourne vers l'insolent et lui dit : Si vous avez encore quelque chose à dire, dites-le avant d'entrer dans la ville, de peur que l'on ne vous entende, et que l'on ne veuille vous rendre injure pour injure.

Bahalu, dont le surnom de Megnoun (insensé) marquait la profession, étant entré chez le kalife Aaron-Raschi un jour d'audience, va s'asseoir sur son trône, et s'amuse à jouer le kalife. Les officiers trouvèrent la plaisanterie un peu libre. En tout pays les gardes des princes sont un peu brutaux. On chasse le prétendu kalife à coups de bâton. Bahalu se met à pleurer. Le kalife survient un moment après, apprend le sujet de ses pleurs, veut consoler son fou. Je pleure, répond Bahalu, non pas pour moi, mais par compassion pour vous; car si j'ai tant souffert pour m'être assis un moment sur le trône, combien vous aurez à souffrir, vous qui êtes condamné à vous y asseoir si souvent !

O homme! si je t'envoie les richesses, tu leur abandonnes ton cœur, ton esprit, tout ton être : il ne reste plus rien de toi pour Dieu. Si je t'envoie la pauvreté, tu te livres à l'affliction, à la léthargie de l'abattement; ton Dieu est loin encore de ta pensée. Ingrat! dans quelle condition veux-tu donc que je te place, pour que tu t'occupes de moi?

Tel était le livre que le vieux Brahmine confia aux enfans du Rajah; le père et les enfans le lurent avec un grand respect; puis, la lecture achevée, ils se remirent en route pour Patna, et tout en suivant leur chemin, ils parlaient beaucoup du Brahmine, de sa sagesse, de son livre, et le père était tout fier d'avoir deux enfans qui avaient trouvé grâce devant le vieux prêtre de Brahma.

CHAPITRE IV.

Le chemin était long, mais la route était belle ; ce n'étaient que bois touffus, fleuve transparent, ciel bleu et chaud soleil. Le père et les enfans marchaient d'un pas plus léger depuis qu'ils avaient vu et entendu le Brahmine; la conversation du vieillard avait rempli d'espérances le cœur du Rajah et de ses enfans. Tout en marchant le Rajah racontait à ses enfans les fables composées autrefois par les sages de son pays.

L'Inde est la patrie des fables. Le plus grand fabuliste de l'Inde se nomme Pilpay, c'est à lui que la Grèce emprunta l'apologue, comme plus tard Rome l'emprunta à la Grèce jusqu'au jour où, par une incarnation toute de génie, les fables de l'Inde, les fables de la Grèce et les fables de Rome, Pilpay, Ésope et Phèdre, l'affranchi d'Auguste, vinrent se réunir et se confondre, au dix-septième siècle français, dans un seul homme, qui s'appelait Lafontaine. Mais n'anticipons pas sur ces histoires littéraires ; n'oublions pas que nous faisons uniquement l'histoire de l'Orient poétique : les analogies littéraires viendront plus tard.

Revenons au père de l'apologue, à Pilpay. Il fut un des sages de l'Orient. Il était gouverneur d'une partie de l'*Indoustan*, cette belle et fertile terre qui s'étend entre l'Inde et le Gange, quand il composa son volume de fables. Ces fables montraient surtout aux rois le moyen de gouverner leurs sujets. Quand Pilpay fut mort, son recueil fut long-temps oublié, et l'Inde se contenta des paraboles populaires, dont l'origine se perd dans la nuit des temps.

Ce ne fut que lorsque les Arabes eurent conquis les plus belles provinces de l'Orient et qu'ils eurent apporté avec eux les belles-lettres qui charment la vie et qui font l'honneur des peuples, qu'on s'inquiéta des fables de l'Indien Pilpay. Ces fables furent alors traduites dans toutes les langues de l'Orient, et elles devinrent le code universel de la sagesse orientale ; le Rajah les savait par cœur, et tout en cheminant il en récitait quelques-unes à ses fils.

Entre autres fables il leur raconta celle-ci.

Le Rajah et son singe.

« Un savant Brahmane, qui s'était plus occupé d'orner son esprit que d'augmenter ses richesses, se voyait réduit à la plus affreuse pauvreté. Malgré ses soins et ses travaux, il ne pouvait plus subvenir à la dépense journalière de sa maison. Loin de le soulager, sa femme acariâtre augmentait, par des reproches superflus et amers, ses chagrins et son embarras. Tant de tribulations épuisèrent la patience du malheureux Brahmane, et dans un de ces momens douloureux, où le désespoir étouffe tous les sentimens d'honneur et d'humanité, il résolut de réparer par son adresse les injures de la fortune. Plein de ce coupable projet, sa probité ne l'abandonna pas entièrement, et pour soulager sa misère, il ne voulait pas réduire un indigent à l'affreuse extrémité où lui-même il se trouvait. Il sentait par sa propre expérience toute l'énormité d'un pareil crime.

« C'est aux riches, dit-il, à nous aider, car tout ce qu'ils possèdent au-delà de l'honnête nécessaire ne leur appartient pas. Le leur enlever, c'est leur faire restituer des biens dont ils devraient se défaire de leur propre mouvement. Cet acte de justice leur serait plus méritoire s'ils l'exerçaient eux-mêmes; mais pourquoi me forcent-ils de suppléer à la bonne volonté qui leur manque. »

« Tels étaient les captieux et les faux raisonnemens avec lesquels notre Brahmane tâchait d'éluder les récriminations importunes de sa conscience. Il ne s'agissait que de trouver un personnage dont les richesses fussent assez connues pour ne pas douter qu'il n'en eût beaucoup de superflues. Le Rajah n'était pas un homme équivoque; ses dépenses extravagantes, renouvelées tous les jours, étaient une excellente attestation de son opulence, et surtout de l'ennui qu'elle lui causait. L'en débarrasser c'était, à coup sûr, lui rendre service. Mais comme le Brahmane craignait l'indiscrétion de certains témoins qui auraient pu mal interpréter ses intentions, la nuit lui parut le moment le plus favorable pour l'exécution de son projet.

« Il s'introduisit, à la lueur de la lune, dans le palais et dans la chambre du Rajah; mais quel fut son étonnement de voir que le prince avait auprès de lui un singe pour veiller à sa sûreté? Il se retira dans un coin, espérant que la sentinelle succombant au sommeil, ne tarderait pas à fausser sa consigne. Tout était dans la plus profonde tranquillité, quand un serpent grimpa sur la fenêtre; son ombre fut réfléchie par la lune sur le visage du prince endormi. Le singe, qui la prit pour le reptile même, tira un sabre pour le tuer. Le Brahmane, voyant la dangereuse méprise de cet animal, céda au premier mouvement de la nature; il courut sur le singe et le renversa d'un coup de bâton. Le bruit de cette chute éveilla le Rajah, qui fut bien surpris de voir son singe tué, un sabre nu sur son lit, et un étranger dans son appartement. Il demanda ce que tout cela signifiait? L'autre raconta naïvement le motif de son audacieuse entreprise, qui n'aurait jamais été découverte, s'il eût laissé faire le singe. Touché de tant de sincérité, le Rajah donna pour récompense au Brahmane une somme considérable pour sa subsistance et celle de sa famille.

Un stupide ami est mille fois plus dangereux qu'un sage ennemi.

Et il leur raconta bien d'autres merveilleuses histoires : l'histoire des Abeilles et des Frelons, l'histoire du Pigeon voyageur. « Il y avait deux pigeons qui vivaient heureux dans leur nid à couvert de toutes les injures du temps, et contens d'un peu d'eau et de grain. Un de ces pigeons se nommait *l'Aimé* et l'autre *l'Aimant*. Un jour l'Aimé eut envie de voyager; il communiqua son dessein à son compagnon. Serons-nous toujours enfermés dans un trou? lui dit-il. Pour moi, j'ai résolu d'aller quelque jour par le monde; dans les voyages on voit tous les jours des choses nouvelles; on acquiert de l'expérience, et les grands ont dit que les voyages étaient des moyens pour acquérir les connaissances que nous n'avons pas. Si l'épée ne sort pas du fourreau, elle ne peut montrer sa valeur, et si la plume ne fait sa course sur l'étendue d'une page, elle ne montre pas son éloquence. Le ciel, à cause de son perpétuel mouvement, est au-dessus de tout, et la terre sert de marche-pied à toutes les créatures, parce qu'elle est immobile. Si cet arbre pouvait se transporter d'un lieu à un autre, il ne craindrait pas la scie ni la cognée, et ne serait pas exposé aux mauvais traitemens des bûcherons. — Tout cela est vrai, dit l'Aimant; mais, mon cher compagnon, vous n'avez jamais souffert les fatigues des voyages et vous ne savez ce que c'est que d'être dans les pays étrangers. Le voyage est un arbre qui ne donne pour tout fruit que des inquiétudes. — Si les fatigues des voyages sont grandes, répondit l'Aimé, elles sont bien récompensées par le plaisir de voir mille choses rares, et quand on s'est accoutumé à la peine, on ne la trouve plus si redoutable. — Les voyages, reprit l'Aimant, ne sont agréables que lorsqu'on les fait avec ses amis; car, lorsqu'on est éloigné d'eux, outre les injures du temps, on a la douleur de se voir séparé de ce qu'on aime; donc ne quittez point un lieu où vous êtes en repos et ne quittez point celui que vous aimez. — Si ces peines me sont insupportables, répartit l'Aimé, avant peu je serai de retour. Après cette conversation ils se dirent adieu et se séparèrent.

« L'Aimé sortit de son trou comme un oiseau qui s'échappe de sa cage; il prit plaisir à regarder les montagnes et les jardins, et quand il fut arrivé au pied d'une colline, où plusieurs fontaines bordées de beaux arbres arrosaient de charmantes prairies, il résolut de passer la nuit dans un lieu qui, en effet, ressemblait au paradis terrestre. Mais à peine était-il posé sur un arbre que l'air s'obscurcit, les éclairs brillèrent et le tonnerre fit retentir toute la campagne. La pluie et la grêle faisaient voltiger de branche en branche le pauvre pigeon, qui ne savait où se mettre pour éviter la tempête. Enfin, il passa si mal la nuit, qu'il se repentait déjà d'avoir quitté son camarade. Le lendemain matin le soleil ayant dissipé les nuages, l'Aimé partit pour retourner chez lui; mais un épervier, qui avait bon appétit, aperçoit notre voyageur et vole vers lui à tire d'aile. A cette vue le pigeon tremblant désespéra de revoir jamais son ami. Cependant l'épervier allait le saisir, lorsqu'un aigle affamé vint fondre sur l'épervier, en lui disant : — Laisse-moi manger ce pigeon en attendant que je trouve quelque chose de plus solide. L'épervier, qui avait autant de cœur que de faim, ne voulut pas céder à l'aigle, et les deux oiseaux volèrent l'un contre l'autre. Le pigeon s'échappa ainsi de leurs griffes, et remarquant un trou si petit qu'à peine un moineau y aurait pu entrer, il s'y glissa et y passa la nuit avec une extrême inquiétude. Il en sortit à la pointe du jour, mais la faim l'avait rendu si faible, qu'il ne pouvait presque plus voler. Il n'était pas encore bien revenu de la frayeur qu'il avait eue le jour précédent, et il regardait de tous côtés si l'aigle ou l'épervier ne paraissaient point, lorsqu'il vit dans un champ un pigeon auprès duquel il y avait beaucoup de grain; l'Aimé s'en approcha avec confiance : mais il n'eut pas plutôt becqueté quelques grains, qu'il se sentit arrêté par les pieds. Les plaisirs de ce monde sont des piéges que le diable nous tend.

« Frère, dit l'Aimé au pigeon, nous sommes de la même espèce, pourquoi ne m'as-tu pas averti de cette perfidie ? J'aurais pris garde à moi, et je ne serais pas tombé dans ces filets. — L'autre lui répondit : Cesse de me tenir ce langage, personne ne peut prévenir son destin, et toute la prudence humaine ne peut garantir d'un accident inévitable. Enfin l'Aimé le pria de lui enseigner quelque expédient pour sortir de cet embarras, disant qu'il lui en aurait une obligation éternelle. — O innocent, lui répondit l'autre, si je savais quelque moyen, je m'en servirais pour me délivrer moi-même, et tu ne me rappellerais pas à l'heure qu'il est ce petit chameau qui, las de marcher, disait à sa mère en pleurant : « O mère sans affection ! au moins arrête un peu que je prenne haleine pour me délasser. » Sa mère lui répondit : « O fils sans considération, ne vois-tu pas que ma bride est entre les mains d'un autre ; si j'étais libre, je jetterais le fardeau que je porte et je te soulagerais ! » Enfin le désespoir prêta des forces à notre voyageur, il rompit le filet qui tenait son pied, et, profitant de ce bonheur inespéré, il s'envola du côté de sa patrie. La joie qu'il eut d'être échappé d'un si grand péril lui fit oublier la faim. En volant il passa par un village, où il se posa sur une muraille qui était vis-à-vis un champ nouvellement ensemencé. Un paysan, qui gardait ses grains, de peur que les oiseaux ne les vinssent manger, apercevant le pigeon, mit une pierre dans sa fronde et la jeta au pauvre oiseau, qui ne songeait pas à mal. Il fut frappé si rudement, qu'il tomba dans un puits si profond, qu'en vingt-quatre heures on n'eût pu descendre jusqu'au fond avec une corde; si bien que le paysan, ne pouvant en retirer sa proie, la laissa dedans et n'y pensa plus. Le pigeon y resta toute la nuit, le cœur triste et l'aile à demi rompue. Il regretta un million de fois l'heureux séjour de son ami. Cher séjour, disait-il, où je voyais un objet que je ne devais jamais quitter, que puis-je faire pour te revoir? Le lendemain pourtant il fit de si grands efforts, qu'il sortit du puits et il arriva enfin auprès de son nid.

« L'Aimant, entendant le bruit de l'aile de son compagnon, vola avec une extrême joie au-devant de lui; mais, le voyant si faible et si abattu, il lui en demanda la cause. L'autre lui raconta toutes les aventures, en protestant de ne plus faire de voyages.[1] »

Et quand le père eut raconté cette fable à ses enfans, il ajouta : Cette fable, mes enfans, ne doit pas cependant vous faire peur des voyages. Tel est fait pour rester dans son nid, tel autre est fait pour voir les pays lointains. Il est vrai que les voyages ne sont pas sans peine, mais il est vrai aussi qu'on en tire de grands profits et d'utiles connaissances. Les faucons sont honorés, parce qu'ils sont souvent sur les mains des rois; au contraire, les hibous sont méprisés parce qu'ils sont toujours dans des ruines et dans les ténèbres. Il faut

---

[1] Mes jeunes lecteurs pourront comparer la fable de Pilpay avec l'admirable fable de Lafontaine : *Les deux pigeons*.

que les princes s'élèvent et se promènent comme le faucon, et ne se cachent pas comme le hibou. Et en preuve il leur raconta encore l'histoire du faucon qui avait été élevé dans le nid d'un corbeau. Ce faucon, devenu grand, se sentit des inclinations de faucon et non pas de corbeau. En vain son père adoptif le voulut retenir; il prit son vol, il partit, et bientôt, d'aventures en aventures, il devint le faucon d'un roi.

CHAPITRE V.

C'est ainsi que le digne Rajah charmait la longueur du voyage. Ils arrivèrent, après plusieurs journées de marche, dans une grande et belle cité; c'était le soir: le prince et ses enfans cherchèrent vainement une maison ouverte pour y demander l'hospitalité; toutes les maisons étaient fermées. A la fin ils se trouvèrent en présence d'une grande maison, aussi opulente qu'elle était vaste. Ils frappèrent à la porte de cette maison, et aussitôt la porte s'ouvrit. Les serviteurs, voyant trois étrangers d'une noble apparence, allèrent avertir le maître sur-le-champ; celui-ci arriva sans retard, et à l'aspect du Rajah et de ses enfans : — Seigneur, dit-il, en s'adressant au Rajah, soyez le bien-venu parmi nous et grâces vous soient rendues de l'honneur que vous nous faites. J'espère que mon hospitalité vous sera agréable; entrez, entrez, vous et vos enfans et vos esclaves, si vous en avez avec vous. Soyez les bien-venus, je vous le dis.

Et ils entrèrent. Le Raja, voyant déjà beaucoup de monde assemblé, les vieillards assis, les jeunes gens debout devant les vieillards, les femmes derrière un rideau de soie, dit à son hôte : J'ai bien peur que nous ne vous soyons importuns, mon hôte. Vous avez déjà beaucoup de monde, votre maison est pleine; laissez-nous sortir de votre maison, nous irons chercher l'hospitalité autre part; en même temps il faisait signe de se retirer.

— Seigneur, disait l'hôte, ne jetez pas dans la maison de votre serviteur cette honte; qu'on ne dise pas que mon toit s'est refusé à protéger de nobles voyageurs comme vous. Dieu merci, nous ne manquons ici ni de vin, ni de pain, ni d'un lit, ni d'un esclave pour agiter l'air. Ceux que vous voyez réunis, Seigneur, sont mes parens et mes amis. Voici bientôt huit jours que, après avoir consulté les présages, nous nous sommes réunis pour entendre la lecture des grands poètes de notre nation et de nos Védas sacrés. Ces saintes lectures agrandissent l'ame, éclairent l'esprit, embellissent la vie : elles sont l'orgueil des vieillards, elles règlent le jeune homme, elles amusent même les femmes silencieuses derrière leurs rideaux de soie. Ainsi donc, notre hôte, ne prenez pas ombrage de cette réunion amicale; venez dans une autre partie de ma maison, votre lit est déjà prêt, on vous aura bientôt préparé à souper, et quand vos pieds seront lavés, quand vous aurez jeté sur vos cheveux le parfum du soir, vous pourrez vous endormir tranquillement au doux murmure des vers de nos poètes, car nous n'attendons plus que le lecteur, et bientôt la lecture va commencer.

A quoi le Rajah répondit : Je vous demande pardon, mon hôte; mais si vous le permettez, au lieu d'aller prendre un repos du corps que nous retrouverons toujours, nous puiserons au milieu de votre assemblée ce calme repos de l'ame qui fait la sagesse. Mes fils et moi nous ne sommes pas si fatigués, que nous ne puissions entendre votre lecture; je vous le demande en mon nom et au nom de mes enfans.

— Seigneur, dit l'hôte, je le vois bien, l'esprit de Brahma est avec vous. Vous savez depuis long-temps cette sentence : *que l'exemple du père est la science des enfans*, et vous la mettez en pratique; c'est bien. Entrez donc au milieu de notre fête poétique, j'aurais voulu que vous fussiez venus plus tôt, vous auriez entendu lire de bien grandes pages. Les quatre premiers livres des Védas, qui nous viennent de Dieu : l'un qui parle de Dieu, l'autre qui enseigne la médecine, le troisième qui traite des règles de la musique, le quatrième qui parle des instrumens de guerre et des arts et métiers. Des lois de Manou nous avons passé aux dix-huit grands poèmes de notre pays, appelés *Pouranas*, et qui contiennent notre histoire depuis les temps les plus reculés. Nous nous sommes humiliés en songeant à l'antiquité de la race humaine et en comparant notre infirmité à la sagesse de nos pères. Ainsi nous nous sommes raconté les cinq grandes époques de ce monde : la création des mondes, leur destruction et leur rétablissement, la généalogie des dieux et des héros, les règnes des *Manous* ou pères de la race humaine, et les actions de leurs descendans.

De ces poèmes, ou si vous voulez de ces histoires, nous avons passé à la poésie proprement dite (car ne faut-il pas que toujours la fiction accompagne l'histoire?). Nous avons donc abordé nos deux grands poètes, Vâlmiki et Vyâsa. Le premier, comme vous le savez, a chanté les aventures d'un dieu, de Râma, roi d'Ayodhya, allant reconquérir sa femme enlevée par le tyran de Lankâ (Ceylan). Vous avez entendu sans doute raconter la naissance du héros et les exploits de sa jeunesse; Brahma reprend sa femme aux mains du ravisseur. Mais ici le poème recommence.

Le dieu, faible comme un mortel, devient jaloux de sa femme. Le passé l'inquiète et le tourmente; hors de lui, il exile sa femme, et quand elle revient suppliante auprès de son terrible époux, accompagnée de ses deux fils, alors le dieu la condamne à l'épreuve du feu. Aussitôt la terre s'entr'ouvre : la femme de Brahma est sauvée de cette nouvelle injure, et lui-même il se tue de désespoir. Oh! voyageur, tu peux m'en croire, nous avons versé bien des larmes au récit de tous ces malheurs!

Ainsi chante Balmiki. Balmiki est le chantre des dieux; Vyâsa est le chantre des héros. Il célèbre les malheurs des descendans du grand roi Bharata, chassés de leur ville royale par le puissant dieu Vichnou, qui a pris la forme du guerrier Crichna. Quelles guerres et quelles vicissitudes! Avec quel transport et quel saint respect tu aurais écouté avec nous l'admirable épisode du *Bhagavad-Gita*, quand, au moment d'une bataille décisive, le dieu Vichnou se révéla à son favori Ardjouna, qu'il instruisit de l'origine et de la nature de l'univers entier.

Tu penses bien, noble étranger, qu'une fois ayant rendu nos respects à ces deux maîtres de notre poésie épique, nous n'avons pas oublié les poètes profanes, la naissance de *Curtikeya*, le dieu de la guerre; le *Rayhou-Vansa*, histoire des descendans de Rayhou, l'aïeul de Râma, jusqu'à ce qu'enfin nous nous soyons reposés de tant de combats, de tant de héros, de tant de dieux du ciel et de la terre, dans les forêts épaisses, sur les gazons touffus, aux bords des belles fontaines du *Meyha-Doûta*. Sans doute tu sais par cœur les cent seize stances de cette touchante idylle, dans laquelle le nuage voyageur, messager transparent et fidèle, est chargé de transmettre à l'épouse les soupirs de l'époux malheureux et banni. Telles ont été les lectures de nos premiers jours.

Nous avons lu ensuite des vers choisis du poète Bharavi, où il raconte nos guerres contre les tribus sauvages; nous avons emprunté au prince poète, Sri-Harcha, l'admirable épisode de Nila, roi de Nichada, qui joue aux dés son royaume, et qui cause le malheur d'une fille de roi qui l'a choisi pour époux. Vraiment, vraiment, nous avons assisté ainsi à la fête la plus magnifique de la pensée; nous avons parcouru dans tous les sens et sous toutes les formes les histoires de Rama et de Crichna; nous avons repassé tous les idiomes, toutes les mesures, toutes les révolutions du vers; nous nous sommes remplis de poésie, de philosophie et de descriptions et de beaux vers. O la belle terre que la nôtre! ô le beau ciel! ô les fleurs couvertes de mille peintures! ô les oiseaux qui chantent dans le ciel! ô le ruisseau qui murmure! ô que cela nous va bien d'être un vieux peuple couché sous de vieux arbres et murmurant de vieux mots sacrés de poésie! nous avons des rois pour poètes et des dieux pour législateurs. Nos rois qui n'ont pas été des poètes, ont encouragé les poètes; témoin le roi Mâsha: il a acheté cinquante mille huit cents roupies un seul poème, *La Mort de Sisoupala*, que nous appelons de son nom le poème de Mâsha.

Mais hélas! à présent on dirait que le

feu sacré et poétique a jeté chez nous sa dernière et vacillante clarté. Les modèles et les maîtres sont en oubli. Nous sommes bien loin de l'âge d'or poétique, alors que le monde était attentif au poème des neuf perles.[1]

C'en est fait, tout se confond chez nous. La vieille langue poétique tombe en oubli. La rime, ce luxe maladroit que nos anciens employaient rarement, devient une nécessité de tous les jours; l'esprit est plutôt dans les mots que dans les choses; le style est plus recherché que la pensée. O honte! les poètes indiens imitent les poètes arabes et même, qui le croirait, ils s'abandonnent à cette efféminée poésie persane, qu'on prendrait pour une courtisane ivre d'opium. Ce n'est pas tout, la prose même, cette langue vulgaire, envahit nos esprits et nos livres. Où allons-nous? hé-

---

[1] La littérature sanscrite a surtout jeté son éclat au moment où le siècle d'Auguste avait pris tout son essor. Il y eut en ce temps-là une réunion de poètes indiens, que l'on appelait les *Neuf perles*, comme plus tard nous avons vu la *Pléiade* arriver d'Alexandrie. Ainsi, à la même époque, mais dans deux extrémités du monde, l'esprit humain jetait le plus vif éclat.

las! Vous voyez bien, Seigneur, que nos réunions poétiques nous sont commandées par le malheur des temps. Où irions-nous, en effet, si nous négligions de relire les poètes et d'invoquer, comme elle veut être invoquée, la déesse des lettres et des arts, Sarwasti!

Ainsi donc, reprit l'hôte, entrez, vous et vos fils, prenez place, la lecture va commencer.

CHAPITRE VI.

Quand toute l'assemblée eut pris place, chacun assis sur des nattes et suivant sa caste, chaque caste étant séparée, le lecteur monta sur une estrade, et avant de commencer sa lecture, il présenta le livre aux hommages et à l'adoration des assistans. Les assistans s'écrièrent : O livre, sois-nous propice! donne-nous la science et délivre-nous de nos péchés. Des jeunes gens apportèrent au livre des offrandes de riz, de fruits et de fleurs; ces cérémonies accomplies, le lecteur ouvrit le livre et commença à le lire en ces termes :

Le mariage de Roukmini.[1]

§. 1.er

« Dans le pays de Vidarbhâ régnait un prince appelé Richmaka. Il avait cinq fils et une fille; l'aîné de ses fils s'appelait Roukmi; sa fille, d'une grande beauté, avait nom Roukmini. Les voyageurs qui venaient à Coundina, capitale de la contrée de Vidarbhâ, vantaient la beauté, le courage, les vertus et les richesses du prince Crichna, et Roukmini, sur la foi de ces récits, souhaita d'avoir Crichna pour époux. De son côté, Crichna connaissait la sagesse et l'esprit de Roukmini. Il savait qu'elle était aussi belle que vertueuse, et qu'à une ame noble et généreuse elle joignit un esprit éclairé; il l'avait demandée en mariage. Cette union, approuvée des parens, trouvait un obstacle dans la haine que Roukmi, le frère aîné de Roukmini, portait à Crichna. C'était au roi de Tchédi, à Sisoupalâ, qu'il avait résolu de la donner pour épouse. Effrayée de ce projet, la jeune fille aux yeux noirs réfléchit aux

[1] *Mélanges de littérature sanscrite*, par M. Langlois.

moyens d'échapper à ce cruel avenir et envoya promptement auprès de Crichna un fidèle Brahmane. Celui-ci, arrivé à Dwârakâ, se présente aux huissiers, qui l'introduisent. Le héros était assis sur un siége brillant d'or. Il aperçoit le Brahmane et se lève, lui fait prendre sa place et lui rend tous les honneurs que les habitans du ciel lui prodiguent à lui-même. Il lui offre les premiers présens de l'hospitalité, et quand il le voit remis de ses fatigues, il s'approche de sa main, il touche ses pieds, et avec respect il l'interroge : Vénérable Brahmane, accoutumé à imposer à vos désirs le frein de la mortification, auriez-vous cependant formé quelque vœu qu'il me serait donné de satisfaire? Sans manquer à vos devoirs, vous pouvez souhaiter; vos souhaits seront accomplis. Indra lui-même, le roi des dieux, s'il vient à former un désir qui ne soit pas rempli, cesse de jouir du plaisir de régner sur les trois mondes[1]; tandis que le pauvre, qui

---

1 Ces trois mondes, dans les livres indiens, sont le ciel, la terre et les enfers.

a désiré peu, mais qui l'a obtenu, dort paisiblement. Mon bonheur est d'obliger les Brahmanes modestes, pieux, bons et désintéressés; parlez : tous les rois voisins sont mes amis, et je puis quelque chose sur leur esprit. Quel motif vous amène dans cette contrée? Confiez-moi votre secret, je promets de vous servir.

« Ainsi parlait Crichna, et le plus tendre intérêt était peint sur son visage. Le Brahmane prend une lettre et la lui remet. Roukmini écrivait en ces termes à celui qu'elle avait choisi pour son époux :

« O toi qui es l'ornement du monde et
« qui gagnes les cœurs par le simple récit
« qu'on fait de tes vertus, j'ai entendu
« parler de tes hautes qualités, de cette
« beauté qui enchante tous les yeux, et
« mon ame, comme par un penchant
« naturel, s'est trouvée entraînée vers toi.
« Je ne rougis pas de faire cet aveu. Et
« quelle femme, fût-elle du sang le plus
« illustre, pourrait avoir honte d'un pa-
« reil choix? Quel autre époux compa-
« rable à toi pour la naissance, le carac-
« tère, la beauté, la science, l'âge et la

« fortune ? Tu es Nârâyana sur la terre; tu
« es l'ame du monde; oui, tu es mon
« époux, je t'ai choisi, ô seigneur, sois
« le protecteur de ton épouse ! O toi,
« dont l'ame ressemble à la fleur du lotus,
« ne souffre pas que le prince de Tchédi
« prenne ce qui t'appartient. Que le léo-
« pard craigne de toucher à la part du
« lion ! Actions pieuses, sacrifices, au-
« mônes, pélerinages, mortifications, je
« n'ai rien négligé; j'ai honoré les dieux,
« les Brahmanes et les maîtres de la science
« sacrée. Être divin, si j'ai pu acquérir
« quelque mérite, viens recevoir ma main
« et ne l'abandonne pas à un autre qu'à
« toi. C'est demain qu'ils veulent accom-
« plir ce funeste mariage. Arrive à Vi-
« darbhâ avec les chefs les plus vaillans;
« caché d'abord à tous les yeux, apparais
« subitement pour dissiper les soldats du
« roi de Tchédi et de Magadha; arrache-
« moi au destin qu'ils me préparent, et,
« environnée de la gloire de mon époux,
« que j'échappe à mes persécuteurs. Mais
« ne viens pas le fer à la main et levé sur
« mes parens, me chercher jusque dans

« le Gynécée : cette violence n'est pas né-
« cessaire. Il est d'usage que la jeune fian-
« cée se rende en cérémonie, hors de la
« ville, au temple de la déesse Pârwatî.[1]
« C'est là que j'irai t'attendre, ô toi vers
« qui l'on voit accourir, avides d'éclairer
« leur ame, les mortels aussi grands que
« l'époux d'Ouma, désirant pour se puri-
« fier l'eau où se sont baignés tes pieds
« divins. Ne repousse point ma prière. Plu-
« tôt périr, et toujours rejetée du sein de
« Brahma, renaître pour mourir mille fois
« encore. »

« Voilà, dit le Brahmane à Crichna, le secret que j'avais à vous dire. Voyez ce que vous devez faire et agissez avec promptitude.

§. 2.

« Après la lecture de cette lettre, le héros descendant d'Yadou prit la main du Brahmane et lui répondit en souriant :
« La même pensée m'agitait depuis quel-

---

[1] Pârwatî, un des noms de la femme du dieu Siva. C'est la nature personnifiée, ainsi Cybèle chez les Grecs.

que temps et troublait mon sommeil. Je sais que Roukmi s'oppose à mon union avec sa sœur : il me hait. Il faut donc, attaquant des rois injustes les armes à la main, conquérir cette beauté, qui n'a plus d'espoir qu'en moi. Eh! puis-je m'y refuser? N'est-elle pas la flamme qui allume en mon cœur le feu qui le dévore?

« Ainsi il parle. Cependant il faut qu'il se hâte, la belle Roukmini lui a désigné le moment où il doit arriver.— Darouka, dit-il à son écuyer, qu'on attelle promptement mon char... Et celui-ci bientôt amène le char traîné par quatre chevaux, Senya, Souyrivâ, Meyahpochpa et Balâhaka; il se présente devant le héros dans l'attitude du respect, les bras croisés sur la poitrine. Crichna monte sur son char avec le Brahmane, et en une nuit les chevaux rapides l'ont amené au pays de Vidarbhâ.

« Cependant le père de Roukmini, poussé par son fils Roukmi, se préparait à donner à Sisoupalà la main de sa fille. Les rues de la ville et les carrefours avaient été nettoyés et arrosés. Les maisons étaient pavoisées de drapeaux et de riches bannières. A chaque porte était élevé un arc triomphal. On avait suspendu de tous côtés des guirlandes de fleurs et des tresses du gazon appelé *viradyâ*. Toute la population, hommes et femmes, était répandue dans les rues, et devant chaque maison on brûlait de ce parfum qu'on tire de l'aloès. Après avoir, selon l'usage, honoré les manes des ancêtres, les dieux et les Brahmânes, on forme des vœux pour le bonheur de la jeune épouse. Brillante de parure et de beauté, fraîche et parfumée d'essence, et couverte d'un voile nouveau, qui descend des deux côtés sur les épaules, Roukmini est aussi ornée de bandelettes, sur lesquelles les Brahmanes ont écrit des prières tirées du *Sama-Véda*, du *Rik-Véda* et de l'*Iadjou-Véda*[1]. Le chef des prêtres, instruit dans l'*Alharva-Véda*, fait un sacrifice en l'honneur de la constellation qui préside à cette journée, et le roi, qui connaît toutes les règles prescrites par

---

[1] Ce sont les noms des trois Védas (recueils de lois) regardés comme les plus anciens.

les livres sacrés, présente aux Brahmanes des étoffes d'or et d'argent, des grains de sésame avec du sucre en poudre, et de plus de jeunes vaches déjà mères.

« De son côté, le souverain de Tchédi, Damayhocha, fit remplir pour son fils, par des prêtres instruits, toutes les cérémonies de mariage, et entouré d'une troupe nombreuse de fantassins et de cavaliers, d'éléphans guerriers et de chars ornés d'or et de guirlandes, le jeune prince se dirigea sur Coundina. Richmaka vint à sa rencontre, le reçut avec honneur et le conduisit au palais qu'il lui avait fait préparer. Dans cette même ville s'étaient réunis Sâlwa, Dyarâsandha, Vidouratha, les guerriers du pays de Poundra et autres partisans de Sisoupalâ, tous disposés à soutenir les prétentions du prince de Tchédi. — Oui, s'écrièrent-ils, si les héros, enfans d'Yadou, osent se présenter pour enlever Roukmini, nous embrasserons la querelle de Sisoupalâ ! et tous ces rois arrivèrent avec des troupes et une suite considérable de chevaux et d'éléphans.

Cependant la belle Roukmini soupirait

après l'arrivée de Crichna, et voyant arriver le moment fatal, elle songeait au Brahmane, confident de ses tristes pensées. — Hélas! se disait-elle, la nuit qui vient de s'écouler a détruit tout mon espoir. Malheureuse! il ne vient pas celui que mon cœur implorait. Quel sera mon sort? Il n'est pas même revenu le Brahmane confident de mes douleurs. Ah! sans doute cet époux auquel j'aspirais, modèle de perfection, a vu en moi quelque chose d'indigne de lui; il rejette ma main et refuse de tenter quelque chose en ma faveur. Je ne suis point aimée, je n'ai point de protecteur: Crichna m'a dédaignée et la digne Pârwatî a détourné de moi ses regards bienveillans!

« Pensive et désespérée, Roukmini se taisait; mais l'ame toute remplie de Crichna, fermant ses yeux gonflés de larmes, elle compte les instans qui s'écoulent pour amener l'heure fatale, et durant cette pénible attente, au milieu des angoisses de l'incertitude, sa poitrine, ses bras, ses paupières tremblent comme pour attester le sentiment qui l'agite. En ce moment le

Brahmane, que Crichna a eu soin d'envoyer devant lui, entre dans le Gynécée et aperçoit la princesse triste et rêveuse. Elle ouvre les yeux, elle le voit marcher la tête haute et le pas assuré. Son bonheur n'est plus incertain et cependant elle est troublée; elle tremble encore en interrogeant le Brahmane. Il lui apprend que Crichna est arrivé et qu'il a promis de la délivrer. A cette nouvelle, Roukmini est transportée de joie. Comment exprimer la reconnaissance au Brahmane? Les paroles lui manquent, seulement sa tête avec respect s'incline devant lui.

« Le roi de Vidarbha est bientôt informé que le prince Crichna et son frère Balarâma viennent d'arriver avec le désir d'assister au mariage de sa fille. Il se présente devant eux, accompagné de musiciens de toute espèce, et, suivant l'usage, pour honorer ses nobles hôtes, il leur offre des vases remplis de miel et de l'eau laitée, avec des vêtemens magnifiques et les autres dons que la politesse commande. Il leur assigne en même temps un logement magnifique; il donne des ordres pour que leur suite soit traitée convenablement, sans oublier d'accorder aux autres princes tous les honneurs dus à leur valeur, à leur âge, à leur puissance, à leurs lumières.

« Les habitans de Coundina apprennent que Crichna est dans leurs murs : ils accourent sur son passage et contemplent avec avidité le visage de ce héros. Oui, s'écrient-ils, il est digne d'être l'époux de Roukmini! Il est connu par son courage et sa prudence; la fortune favorise tous ses projets; il est le maître des trois mondes; qu'il reçoive, qu'il prenne la main de Roukmini!

« Ainsi parlait le peuple prévenu pour Crichna. Et cependant la jeune vierge, sortant du Gynécée et environnée de soldats, s'avançait vers le temple de Pârwatî. Déjà l'on découvrait la colline où est la demeure sacrée de la déesse. Roukmini lève les yeux; elle a vu Crichna, elle a reconnu de loin sa démarche noble et gracieuse; elle renferme sa joie au fond de son cœur, elle se tait, et continue de marcher au milieu de ce groupe de dames et d'amis presses autour d'elle, de ce cortége de guerriers et de héros armés de traits menaçans. Les tambours, les trompettes, les cymbales, tous les instrumens retentissent sur son passage. Les bayadères chargées de nombreuses offrandes; les femmes des Brahmanes parées et ornées de guirlandes; les chanteurs, les musiciens, les poètes et les panégyristes accompagnent la jeune fiancée : on célèbre ses louanges, on fait des vœux pour son bonheur. Elle arrive au temple; ses pieds, ses mains, baignés dans une onde limpide, ont la fraîcheur du lotus; sa bouche s'humecte de quelques gouttes d'eau qu'elle rejette ensuite, et grave, recueillie, elle s'approche de l'image de la déesse. Les femmes des Brahmanes, anciennes et respectables, suivant le rite sacré, chantent l'hymne en l'honneur de Pârwatî, qui n'est autre chose que la nature elle-même, la source de toute fécondité. Roukmini, prosternée, disait en son cœur : O déesse! je t'adore! épouse de Siva, je t'adore, toi et ton fils! Fais que Crichna soit mon époux, qu'il triomphe de ses rivaux! En même temps elle lui offrit des parfums, des étoffes, des couronnes de fleurs, mille autres présens, et surtout des lampes et des flambeaux. Elle fit en outre aux vertueuses épouses des Brahmanes les cadeaux qui pouvaient leur convenir, tels que les fils qui ornent leurs cols, du sel, des gâteaux, du bétel, des fruits confits. En reconnaissance, les femmes lui donnent les restes des mets offerts en sacrifices, en les accompagnant de souhaits pour sa félicité. Roukmini, les saluant avec respect, accepta leurs présens, et libre de tout devoir pieux, elle sortit du temple, appuyant sur une de ses compagnes sa main ornée d'un anneau resplendissant des feux de la pierre précieuse. Elle est belle comme une déesse apparaissant sous la forme d'une mortelle. Sa taille est gracieuse, sa tête est parée de ses beaux cheveux dont les tresses ondoyantes voilent quelquefois l'éclat de ses yeux; une ceinture brillante de pierreries presse doucement son corps. Elle sourit avec douceur; sa démarche est celle d'un cygne et chacun de ses mouvemens fait sonner pour le charme des oreilles les grelots harmonieux qui ornent ses pieds et sa ceinture. A sa vue les héros sont étonnés et ravis, les armes leur échappent des mains, ils descendent de leurs éléphans, de leurs chars, de leurs chevaux, et ils se prosternent devant la belle Roukmini. Elle cependant tendait vers un seul but; elle s'en approche lentement; bientôt elle contemple de près le divin Crichna. Arrêtant de ses doigts les boucles de ses cheveux, qui voilaient en partie le feu de ses regards, elle les attache tour à tour et sur les princes qu'elle subjugue et sur le héros qui est son vainqueur. Tout à coup Crichna la prend, il la place sur son char et il l'enlève à la vue même de ses ennemis, dont il brave les armes impuissantes. Il se retire lentement, escorté de ses guerriers, comme le chasseur qui vient de ravir aux léopards la proie qu'ils allaient dévorer. Mais son rival, revenu de ce premier étonnement, Noukhin et ses compagnons sentent renaître tout leur orgueil. Ils ne peuvent supporter cet affront qui les humilie. Malheureux, s'écrient-ils, notre gloire est perdue. Des bergers ont vaincu des guerriers; les biches timides ont triomphé des lions !

§. 3.

« Tous aussitôt, furieux et menaçans, montent sur leurs chars; ils prennent leurs armes; entourés de leurs soldats, ils poursuivent le ravisseur et tiennent leur arc tendu. Les chefs des Yâdavas les voient arriver : ils s'arrêtent et leurs flèches aussi sont prêts à partir. La lutte s'engage du haut des éléphans, des chevaux et des chars; les combattans lancent une grêle de traits; ainsi la pluie du sein des nuages tombe sur les montagnes. Roukmini, voyant l'air obscurci de ces flèches, qui sifflaient à travers les rangs de ses défenseurs, regardait modestement son époux, et dans ses yeux régnait la crainte. Crichna lui dit en souriant : Ne crains rien ! nos ennemis ne sauraient résister aux héros qui te protègent. Et en effet, les amis de Crichna, irrités de cette attaque, renversaient éléphans, chevaux et chars. On voyait par milliers tomber à terre les guerriers qui les montaient; leurs têtes roulaient tout ornées de boucles d'oreilles, de diadèmes et de turbans. La terre était jonchée de bras et d'épées, de massues, d'arcs, de mains, de jambes, de pieds, de têtes de chevaux, de mulets, d'ânes, de chameaux, d'éléphans. Les enfans d'Yadou, poursuivant leur victoire, mirent en fuite ou taillèrent en pièces les troupes des princes réunis contre eux, et les rois, se voyant abandonnés de leurs soldats, furent obligés de quitter le champ de bataille. Seul, Sisoupalà, furieux de se voir enlever sa fiancée, persistait dans la résolution de vaincre ou de mourir. L'esprit égaré, le visage desséché par la chaleur, il cherchait le trépas. — Héros trop généreux, lui criait-on, renoncez à votre projet insensé. Sur la terre les maux et les biens sont également passagers comme les figures de bois que sur un théâtre mobile fait mouvoir un fil invisible, l'homme est aussi poussé par la main d'un maître souverain, qui le conduit à son gré dans les voies du bonheur ou de l'adversité.

« Ainsi consolé par ses amis, le roi de

Tchédi les suivit et retourna dans sa capitale. Mais Roukmi, toujours l'ennemi de Crichna et furieux de voir sa sœur unie à ce héros par le rite *rakchasique*, revint avec une armée puissante pour l'attaquer une seconde fois. En présence de tous les princes assemblés, couvert de ses armes et levant son arc terrible, il avait juré dans sa colère de ne revoir Coundina qu'après avoir tué le ravisseur et délivré Roukmini. Puis, montant sur son char, il avait dit à son écuyer : Où tu verras Crichna, c'est là qu'il faut pousser tes chevaux; c'est là que je veux combattre. Aujourd'hui mes flèches aiguës puniront l'orgueil de cet insolent ravisseur.

« L'insensé, dans sa folle ambition, ne pensait pas que le Ciel pouvait l'avoir condamné! Son char était lancé seul et loin des autres : Crichna, s'écrie-t-il, arrête, cesse de fuir! et de son arc trois flèches sont parties pour aller frapper Crichna.

« Crichna, entendant Roukmi, sourit tranquillement; il bande son arc et bientôt six flèches ont frappé Roukmi, huit ont atteint ses chevaux, deux son écuyer, trois ont percé sa bannière. Roukmi arme encore son arc et répond à Crichna, en lui envoyant cinq flèches. Celui-ci lui brise successivement entre les mains deux arcs et sa massue, sa javeline, son trident, son bouclier, son épée; toutes les armes qu'il saisit, Crichna les met en pièces. Alors Roukmi, hors de lui, descend de son char, un poignard à la main, et marche à son ennemi. Le malheureux! il est comme le papillon qui vole vers le feu qui va le dévorer. Il approche, Crichna lance une dernière flèche, qui brise également le poignard dans la main de son adversaire, et il tire son glaive dont il va le percer. En ce moment Roukmini, qui voit la mort suspendue sur la tête de son frère, effrayée, éperdue, tombe aux pieds de son époux et lui dit, d'un air tendre et suppliant: Héros tout-puissant, ô toi qui règnes sur tes passions comme sur le monde, héros des *Védas*, aurais-tu le courage de donner la mort à mon frère? Non, tu es trop grand tu es trop généreux! En même temps, tremblante, le visage pâle, la bouche muette, faible et prosternée, traînant dans la poussière le collier d'or dont son sein est orné, elle arrête les pas de Crichna, qui la regarde avec bonté et commande à son ressentiment. Mais Roukmi doit être puni; Crichna lui fait un lien de sa propre ceinture, il lui coupe la chevelure et la barbe, et s'il épargne ses jours, il l'humilie et le dégrade.

« Roukmi vaincu, Roukmi à qui ses ennemis venaient d'enlever sa gloire et de laisser la vie, seul et se représentant son ignominie, honteux de ses prétentions insensées, n'osa plus retourner à Coundina. Il se rappelait trop bien le serment qu'il avait fait; il s'était condamné lui-même, puisqu'il n'avait pas vaincu Crichna, ni ramené sa sœur. Poussé par le désespoir, il alla chercher un autre séjour et devint le fondateur d'une grande ville, nommée Bhodyacata.

« Crichna, victorieux, voulut célébrer solennellement son mariage avec la belle Roukmini. Il la conduisit à Dwârakâ, siége de sa puissance et de sa gloire. Les enfans d'Yadou s'empressèrent de célébrer le bonheur de leur héros et de leur défenseur. La joie régnait dans la ville et dans les maisons particulières. Une troupe d'hommes et de femmes, le front rayonnant d'alégresse, les cheveux ornés de pierres précieuses, vinrent en grand appareil présenter aux deux époux un vêtement riche et magnifique. De leur côté, on voyait des bannières royales, des arcs de triomphe enrichis de pierres brillantes et entourés de guirlandes. A chaque porte, parée comme pour un jour de fête, on avait disposé des vases, où l'on brûlait de l'encens et le parfum de l'aloès. Les rues, lavées avec soin, étaient couvertes des éléphans des princes amis invités à cette cérémonie, et çà et là des troupes de bayadères donnaient plus d'éclat à la pompe de ces réjouissances. Pour féliciter Crichna et prendre part à la joie publique, on voyait arriver les enfans de Conrou, de Sandjaya, de Kekeya, d'Yadou, de Conti. Le bruit de l'enlèvement de Roukmini se répandit au loin, partout la surprise chez les princes et la tristesse de l'envie chez les filles de rois. Pour les nobles habitans de Dwârakâ, ils s'abandonnaient aux transports de la joie la plus vive, en voyant que Crichna trouvait dans l'amour de Roukmini le bonheur que la divine Lakchimî fait goûter à l'immortel Vichnou. [1] »

CHAPITRE VII.

Ainsi parla le lecteur public : c'était un jeune homme au visage inspiré, à la voix mélodieuse et forte; quand il eut achevé sa lecture, il se leva et il fit le tour de l'assemblée, recevant ses vœux, ses éloges, ses bénédictions et ses présens.

Cependant la nuit était fort avancée et l'assemblée ne se séparait pas encore. Un homme d'un certain âge monta gravement dans la chaire que venait d'abandonner le jeune lecteur.

Mes frères, dit-il, c'est demain la fête du poète Calidasa : c'est à moi, son petit-fils, à la célébrer. Je vous invite tous dans mon palais, afin que, réunis, nous nous livrions à la joie, aux festins, aux conver-

---

[1] Lakchimî, déesse de la prospérité; comme Vénus elle était sortie du sein de la mer, et par ses charmes elle avait séduit les dieux.

sations amicales ; le soir venu, je prétends faire jouer devant vous le beau drame de Calidasa, *La Reconnaissance de Sacountalâ*. Le voulez-vous ?

L'assemblée répondit par un profond salut de reconnaissance et de respect, et chacun se sépara.

Le Rajah et ses deux enfans furent personnellement invités à la fête du lendemain.

CHAPITRE VIII.

Le lendemain la fête commença quand vint le jour. Des tables chargées des mets les plus exquis, des boissons les plus agréables, s'élèvent de tous les côtés. Les hôtes des petit-fils de Calidasa se promènent sous de longs portiques, dans de vastes salons, dans d'immenses galeries, où l'art et la nature étalent toutes leurs merveilles. Le maître de ces beaux lieux appela à la fête les bayadères, qui charment l'assemblée par leurs chants et par leurs danses. Leurs parfums, leurs guirlandes, leurs robes élégantes, leurs sourires gracieux, tout en elles est enchanteur. Cependant les invités arrivent de toutes parts. A l'aspect de ces apprêts magnifiques ils se croient transportés au séjour de Couvera, sur le mont Kêlûra, ou dans le palais des dieux, sur le mont Mérou.[1]

Sur les murs du palais de Kaladija on voit représentés des parcs délicieux, peuplés de cerfs et d'oiseaux; ici des arcs de triomphe où brillent les pierres précieuses, l'émeraude, le cristal, le lapis lazuli, l'or le plus pur, les métaux les plus éclatans; ailleurs des oiseaux magnifiques ou de superbes éléphans. Les oreilles étaient ravies tout-à-l'heure, maintenant les yeux sont éblouis.

Mais la conque marine a donné le signal; c'est l'heure du banquet. Aussitôt chacun passe dans la salle du festin; les convives, chacun suivant son rang et son âge, se placent à une table chargée de mets choisis et de liqueurs délicieuses. Sur de larges plats les chefs d'office ont servi des viandes de toute espèce : ce sont des quartiers de mouton rôti, entourés de beurre et assai-

---

[1] Le Kêlûra est une partie du mont Mérou dans la chaîne de l'Himâlaya. Le Mérou est le séjour des dieux.

sonnés de poivre et de sel, ou des tranches de jeunes buffles grillées et placées sur une couche de beurre avec quelques grains de sel et quelques gouttes d'un acide tiré du tamarin; ce sont des pièces de chevreuil et d'autres gibiers, marinés dans une saumure où séjournèrent long-temps des grenades et des mangues, et d'autres fruits, dont l'arôme a pénétré toutes les chairs, ou bien des oiseaux rôtis avec soin et arrosés d'une sauce composée de beurre, de jus de mangue, d'huile et de sel. Pour stimuler la faim et la soif, on a disposé en entremets des citrons, des radis, des feuilles de bétel, de l'*assa-fœtida* et du gingembre. Les liqueurs les plus variées remplissent les coupes. La faim apaisée, les tables se couvrent de mets plus légers: on sert des fruits naturels et confits, du fromage, des crèmes, des sorbets. Tous les cœurs sont épanouis. Les voix des femmes commencent des chants, que les hommes répètent avec transport.

Mais la nuit est venue, il est temps de songer au concert. Narâda prend son luth, sur lequel avec tant de science il parcourt

les six modes ; Calidâsa lui-même et ses
enfans tiennent les cymbales, les tambourins et les autres instrumens de musique.
Pour terminer dignement la fête, les comédiennes sont introduites devant le maître
de ce palais. Elles prennent ses ordres, et
aussitôt, au son des instrumens, les unes
chantent, les autres dansent. Quelques-
unes, par la pantomime, représentent la
naissance et la jeunesse de Balarâma; les autres, prenant le langage[1], le costume et les
manières des divers pays, et se formant en
chœur, célèbrent dans des hymnes et figurent par leurs gestes les aventures et les
exploits de Crichna. Puis bientôt, entre-
laçant leurs bras, elles exécutent une danse
de caractère, un ballet d'un genre noble
et gracieux. Au même instant le bouffon
du palais, composant sa figure, contrefait
tour à tour toutes les personnes de cette
noble réunion ; il imite leurs gestes, il
parodie leurs regards et leur sourire. Écho
burlesque des paroles qu'il entend, il rend

---

[1] Les différens peuples de l'Inde ont des dialectes particuliers.

le ton et l'accent de la voix. Tour à tour il est grave ou plaisant; les éclats de son rire bruyant ou son sérieux affecté, ses manières grotesques appellent et répandent la joie. Cependant, par les soins de leur hôte, les dames recevaient de riches présens, pierreries, robes magnifiques, colliers de perles ou de bois de *santana*[1], et des bouquets où étaient réunies les fleurs de toutes les saisons.

Ce fut par ces jeux, par ces chants, par ces présens et ces danses et ces folles plaisanteries du bouffon, que le descendant de Calidâsa préluda à la représentation du drame de son aïeul. Un esclave vint avertir l'assemblée que tout était prêt sur le théâtre, et aussitôt l'assemblée redevint calme et grave; chacun prit sa place, attentif et demandant tout bas quand viendrait la belle et poétique Sacountalâ. Le maître du palais, avant de faire lever le rideau du théâtre, engagea ses convives à savourer paisiblement les douceurs du bétel, subs-

---

[1] Le *santana* est un arbre dont les poètes ornent le séjour céleste.

tance merveilleuse et digne des habitans célestes, qui exalte l'esprit en charmant les sens; qui chasse les mauvais songes et procure à l'ame l'ivresse du bonheur; doux et parfait mélange, où à la feuille du bétel, à la noix de l'*aréca*, à une légère dose de chaux, on joint les cinq aromates dignes de la bouche des rois, le clou de girofle, la muscade, le camphre, le bois d'aloès et le parfum du *caccola*.

Quand tout fut prêt, quand le plus grand silence eut envahi l'assemblée, la toile se leva, et alors fut joué ce drame magnifique de Sacountalâ. Le rôle principal était joué par la gracieuse Rambhâ, à la taille élégante et svelte.

Le Rajah, qui était émerveillé de toutes ces choses, n'eut pas besoin de faire signe à ses fils pour leur dire d'être attentifs.

LA RECONNAISSANCE
DE SAGOUNTALA.

Noms des personnages.

DOUCHMANTA, roi des Indes, amant de Sacountalâ.
SACOUNTALA, jeune fille, née d'une nymphe, élevée dans l'hermitage de Canoua.
ANOUSOUYA,
PRIYAMVADA, } compagnes de Sacountalâ.
MADHAVYA, bouffon du roi.
GAUTAMI, vénérable matrone, livrée à la vie ascétique.
SARNGARAVA,
SARADOUATA, } jeunes Brahmanes, élèves de Canoua.
CANOUA, saint personnage, père adoptif de Sacountalâ.
Un pêcheur.
MISRAKÉSI, nymphe, amie de Ménacâ, mère de Sacountalâ.
MATALI, conducteur du char d'Indra.
Un jeune enfant, fils de Douchmanta et de Sacountalâ.
CASYAPA,
ADITI, } divinités, père et mère d'Indra.
Brahmanes, un général, officier de police, garde du palais, hermites, brahmatcharis, chambellan, messager, domestiques, etc.

LA RECONNAISSANCE DE SACOUNTALA.

ACTE PREMIER.

Le roi Douchmanta, la main armée d'un arc, et monté sur un char que dirige son écuyer, paraît dans le lointain, donnant la chasse à un jeune faon.

L'ÉCUYER, *regardant tour à tour le roi et la timide proie qu'il poursuit.*

Prince, quand mes regards se portent alternativement sur vous et sur cette charmante antilope au poil noir, il me semble voir un dieu prêt à décocher de son arc une flèche mortelle contre la malheureuse gazelle qui fuit en vain devant lui.

DOUCHMANTA.

Ce léger animal nous a déjà fait parcourir un trajet immense! vois avec quelle grâce il incline de temps en temps son cou flexible, pour jeter un coup d'œil sur le char rapide qui le poursuit. Dans la crainte de la flèche, dont il entend déjà le sifflement, vois comme il contracte en fuyant ses membres délicats. Le sentier qu'il parcourt est jonché çà et là de l'herbe tendre qui s'échappe à demi broutée de sa bouche haletante, et, dans ses bonds précipités, il vole plutôt qu'il n'effleure la terre. Oh ! il redouble tellement de vitesse, que dans ce moment il échappe à ma vue.

L'ÉCUYER.

Le terrain, par ses inégalités, a retardé jusqu'à cet endroit la course du char, en sorte que l'antilope a pu prendre une grande avance sur nous; mais à présent que nous roulons sur une surface unie, nous l'aurons bientôt rejointe.

DOUCHMANTA.

Lâche donc entièrement les rênes.

L'ÉCUYER.

Le roi est obéi. (*Il anime les chevaux.*) Depuis qu'ils ne sont plus gênés dans leurs mouvemens, voyez comme ces nobles coursiers portent en avant avec grâce leur poitrail élancé : la poussière qu'ils élèvent ne les touche pas et fuit loin derrière eux; leurs riches aigrettes paraissent comme immobiles; ils dressent avec fierté leurs oreilles nerveuses; ils courent, non, ils glissent sur la plaine émaillée.

DOUCHMANTA.

Comme un instant leur a suffi pour atteindre notre proie !

Quelqu'un derrière la scène.

O roi! cette tendre gazelle appartient à notre hermitage, ne la tuez pas, ne la tuez pas!

L'ÉCUYER, *écoutant et regardant.*

Voyez, prince, au moment où le flanc de ce léger animal offrait un but assuré à vos traits, il faut que deux hermites viennent l'en garantir.

DOUCHMANTA.

Retiens promptement les rênes.

L'ÉCUYER.

Ainsi que le roi l'ordonne. (*Il arrête les chevaux.*)

(*Un hermite entre, accompagné de son élève.*)

L'HERMITE, *élevant les mains.*

Oui, grand roi! cette gazelle est nourrie dans notre hermitage. Que le ciel écarte de son flanc le trait du chasseur! Une flèche dans un corps aussi tendre serait comme la flamme dans une touffe de coton! Replace donc dans le carquois cette flèche meurtrière. Vos armes, ô rois! doivent être employées pour protéger le faible et non pour donner la mort à l'innocent.

DOUCHMANTA, *avec respect.*

La voici dans le carquois.

l'hermite, *avec joie.*

Pouvait-on moins attendre d'un noble descendant de Pourou, d'un monarque aussi accompli? Non, tu ne démens pas cette origine; puisse le ciel t'accorder un fils doué de toutes les vertus, un fils digne de régner un jour sur le monde entier!

LE DISCIPLE.

Puisse le sceptre de ton fils s'étendre sur les deux mondes!

DOUCHMANTA.

Je reçois avec reconnaissance ce vœu d'un vénérable Brahmane.

LES DEUX HERMITES.

Nous sommes occupés à ramasser du bois dans cette forêt. Là, sur les bords du Malini [1], vous pouvez apercevoir l'hermitage de notre maître spirituel Canoua, où il habite avec Sacountalâ, dépôt précieux que lui a confié le destin. Si d'autres soins n'exigent ailleurs votre présence, daignez entrer dans cette humble retraite, où vous recevrez tous les honneurs dus à un hôte.

DOUCHMANTA.

Vénérable Brahmáne, le chef de la famille est sans doute dans cet hermitage.

---

[1] Malini, rivière qui descend, dit-on, de l'Himalaya.

LES DEUX HERMITES.

Non, prince, il vient de partir pour Somathirta[1], où il se rend dans l'intention d'invoquer les dieux, pour détourner de la tête de sa fille Sacountalâ des malheurs dont la menace le destin. Mais, avant de s'éloigner, il a chargé sa fille de rendre aux hôtes qui surviendraient tous les devoirs de l'hospitalité.

DOUCHMANTA.

Eh bien, je la verrai donc, et j'espère qu'au retour du vénérable Canoua elle me fera connaître à lui sous l'aspect le plus favorable.

LES DEUX HERMITES.

Seigneur, vous êtes le maître, et nous cependant, nous allons reprendre notre occupation. (*Le Brahmane sort avec son disciple.*)

DOUCHMANTA, *à l'écuyer s'approchant de l'enceinte.*

Mais gardons-nous de profaner cette sainte re-

---

1 Somathirta. Les tirthas sont de grands étangs alimentés, autant que possible, par l'eau du Gange, qu'on y fait parvenir par dérivation. Il y en a quelques-uns, d'une très-grande célébrité, où les dévots brahmanes, à certaines époques, se rendent processionnellement, pour y faire leurs ablutions, dans la ferme croyance que, par la vertu de leurs eaux, leurs péchés sont effacés.

traite : arrête promptement le char, que je puisse en descendre.

L'ÉCUYER.

Prince, je retiens les rênes : vous pouvez mettre pied à terre.

DOUCHMANTA, *étant descendu et jetant un regard sur lui-même.*

C'est sous de modestes vêtemens que je dois pénétrer dans ce lieu consacré à la piété. Débarrasse-moi donc de tout cet attirail de luxe et de cet arc qui ne peut m'être ici d'aucune utilité. (*Il remet à son écuyer ses armes et ses joyaux.*) Cependant, en attendant que je revienne, après avoir visité les habitans de cet hermitage, prends soin de faire rafraîchir et baigner les chevaux.

L'ÉCUYER.

Prince, vos ordres seront remplis. (*Il sort.*)

DOUCHMANTA, *s'avançant et regardant autour de lui.*

Je vais donc pénétrer dans cette sainte retraite! oh! c'est ici l'asile du calme le plus parfait, et cependant j'éprouve en y entrant un tremblement involontaire. Quoi donc! aurais-je quelque chose à attendre de la part de la fortune?... Et qu'y aurait-il d'extraordinaire?... Les portes de la destinée ne nous sont-elles pas ouvertes en tous lieux?

(*Quelqu'un derrière la scène.*)

Par ici, par ici, mes chères compagnes.

DOUCHMANTA, *regardant du côté d'où vient la voix.*

Ah! j'entends partir des voix de ce bosquet à ma droite : voyons, il faut que j'épie les nouveaux venus. (*Il s'avance de ce côté et regarde avec attention.*) Ce sont de jeunes filles de l'hermitage, les mains armées de légers arrosoirs proportionnés à leur délicatesse, et occupées à en répandre l'eau au pied de petits arbrisseaux en fleurs. O spectacle enchanteur! certes, dans nos fastueux gynécées, nous chercherions en vain des grâces comparables à celles que renferme cet hermitage. Pourquoi donc ne remplacerions-nous pas les plantes orgueilleuses de nos parcs somptueux, par ces modestes lianes de la forêt! Bon, à la faveur de ce buisson épais, je pourrai les observer sans être aperçu. (*Il se cache et les examine.*)

(*Sacountalâ et ses deux compagnes Anousouya et Priyamvada paraissent sur la scène, occupées de jardinage.*)

ANOUSOUYA.

Chère Sacountalâ, on croirait en vérité que les jeunes arbustes, ornement de l'hermitage de notre père Canoua, te sont plus chers que ta propre vie, à voir la fatigue que tu prends à remplir d'eau les bassins creusés à leurs pieds, toi, dont la délicatesse égale celle de la fleur de la malica[1] nouvellement épanouie.

SACOUNTALA.

Que veux-tu? Ce n'est pas seulement pour faire plaisir à notre bon père que je prends tous ces soins : je t'assure que je ressens pour ces jeunes plantes toute l'amitié d'une sœur.

PRIYAMVADA.

Mais, mon amie, les plantes que nous venons d'arroser sont sur le point de fleurir : arrosons donc aussi celles qui ont déjà donné leurs fleurs; nos soins n'en seront que plus généreux et tout-à-fait exempts d'intérêt.

SACOUNTALA.

Parfaitement dit, Priyamvada.

DOUCHMANTA, *à part.*

Quoi c'est là Sacountalâ, la fille de Canoua? Oh! il faut que le vénérable sage ait perdu le jugement pour souffrir qu'un vil vêtement, tissu d'une étoffe grossière, enveloppe un aussi beau corps! Oui, prétendre assujettir aux austérités une beauté si parfaite, c'est être aussi fou que

---

[1] Malica, espèce de jasmin à grandes fleurs.

de vouloir fendre le tronc de fer du sami[1] avec
le tranchant délicat de la feuille du lotus[2]. Retirons-nous doucement derrière ces grands arbres
pour la voir à notre aise, sans lui donner le moindre soupçon qu'elle puisse être aperçue.

SACOUNTALA, *élevant ses regards.*

O mes chères compagnes! ce bel arbre ne
semble-t-il pas me faire signe de ses rameaux
flexibles, que l'on prendrait pour autant de jolis
doigts? Voyons, il faut que je m'en approche.

PRIYAMVADA.

Chère Sacountalâ, repose-toi quelques instans
à son ombre.

SACOUNTALA.

Eh! pourquoi donc?

PRIYAMVADA.

C'est qu'en te voyant appuyée contre lui, ce bel

---

1 Sami, espèce d'acacia, dont le bois, extrêmement
dur, sert, par le frottement rapide de deux morceaux
l'un contre l'autre, à produire l'étincelle destinée à allumer le feu du sacrifice.

2 Lotus. Cette plante est sacrée; c'est d'elle que naquit Brahma. Les poètes, frappés par son parfum ravissant et par l'éclat de ses corolles élégantes, les unes du
plus bel azur, les autres du pourpre le plus vif, en ont
fait l'emblème de la beauté.

arbre, comme s'il était uni à une liane élégante, en aura encore plus d'éclat.

SACOUNTALA.

Fûs-tu jamais plus digne de ce nom gracieux de Priyamvada [1], toi dont les paroles sont remplies de tant de douceur.

DOUCHMANTA.

Oui, Priyamvada, tu viens de dire une grande vérité. Ses lèvres ont l'incarnat de la rose ; ses bras, comme deux tendres rameaux, s'arrondissent avec souplesse, et la fleur attrayante de la jeunesse répand sur toute sa personne un charme inexprimable.

SACOUNTALA, *avec précipitation.*

Ah! ah! une abeille, échappée du calice de cette malica, voltige autour de ma figure et semble vouloir s'attacher à mes lèvres.

O mes compagnes! délivrez-moi de cet insecte audacieux, qui brave tous mes efforts.

TOUTES LES DEUX.

Eh! qu'y pourrions-nous faire? Appelle Douchmanta à ton secours : n'est-ce pas au roi à protéger les habitans de cet hermitage?

---

[1] Priyamvada. Ce nom est composé de *priya* (gracieux) et de *vad* (parler), mot qui revient au μελίφθογγος des Grecs (doux langage).

DOUCHMANTA.

Excellente occasion pour me montrer. Ne craignez... (*Il n'achève pas et continue à se cacher.*) Non, on me reconnaîtrait ainsi pour être le roi ; il vaut mieux que je me présente sous l'aspect d'un voyageur demandant l'hospitalité.

SACOUNTALA.

L'impudent ne cesse de m'assaillir; il faut que je cherche une autre place. (*Jetant les yeux derrière elle, tout en courant.*) Comment! et il me poursuit encore? Ah! de grâce, délivrez-moi de son importunité.

DOUCHMANTA, *survenant tout à coup.*

Comment donc!... quel est l'insolent qui, sous le règne d'un descendant de Pourou, de Douchmanta, cet ennemi déclaré du vice, ose insulter les filles innocentes des pieux hermites?

(*Toutes, à la vue du roi, éprouvent un moment de trouble.*)

ANOUSOUYA.

Seigneur, personne ici n'est coupable d'une action criminelle; seulement notre jeune amie se défendait contre une abeille obstinée à la poursuivre. (*Elle montre du doigt Sacountalá.*)

DOUCHMANTA, *s'approchant de Sacountalà.*

Jeune fille, puisse votre vertu prospérer. (*Sacountalà baisse les yeux.*)

ANOUSOUYA.

Allons, rendons promptement à notre hôte tous les devoirs de l'hospitalité.

PRIYAMVADA.

Seigneur, soyez le bien-venu ! Toi, chère Sacountalà, va, sans perdre de temps, à l'hermitage chercher des fruits dignes d'être offerts à notre hôte ; cette eau, en attendant, peut servir à rafraîchir ses pieds fatigués.

DOUCHMANTA.

Il n'en est pas besoin, le charme de vos paroles est pour moi la plus agréable offrande.

ANOUSOUYA.

Eh bien ! honorable étranger, daignez au moins vous reposer à l'ombre sur ce siége recouvert de saptaparna d'une admirable fraîcheur, et où vous oublierez bientôt votre lassitude.

DOUCHMANTA.

Mais vous-mêmes, charmantes filles, vous devez être fatiguées par toutes vos attentions pour moi : serai-je assez heureux pour que vous vous asseyiez un moment à mes côtés ?

PRIYAMVADA, *bas à Sacountalâ.*

Vois, ma Sacountalâ, nous ne pourrions honnêtement nous refuser au désir de notre hôte. Viens donc, prenons place près de lui. (*Toutes s'asseyent près du roi.*)

DOUCHMANTA.

Charmantes filles, combien cette douce intimité qui règne entre vous s'accorde admirablement avec votre jeunesse et vos grâces.

PRIYAMVADA, *bas à Anousouya.*

Ma chère, quel peut donc être cet étranger qui, par la majesté calme de ses traits aussi bien que par la politesse de ses discours, se montre digne d'occuper le plus haut rang ?

ANOUSOUYA, *bas à Priyamvada.*

Ma curiosité n'est pas moins vive que la tienne. Voyons ! il faut nous en éclaircir. (*Haut, en s'adressant au roi.*) Seigneur, la douce familiarité qui règne dans votre conversation m'enhardit à vous faire quelques questions : pourrions-nous savoir de quelle noble famille vous faites l'ornement ; quelle contrée est actuellement dans le deuil à cause de votre absence, et quel motif, vous, dont toutes les manières annoncent une délicatesse exquise, a pu vous déterminer à entreprendre un voyage pénible pour visiter cette forêt consacrée aux plus rudes austérités?

DOUCHMANTA, *en lui-même.*

Que faire? dois-je me déclarer? dois-je déguiser qui je suis? (*Il réfléchit.*) Bon, c'est cela. (*Haut.*) Excellente fille, je suis au rang des lecteurs du Véda[1], dans la ville sainte qu'habite le roi Douchmanta, et, chargé de visiter tous les lieux consacrés, pouvais-je oublier de me rendre dans cet asile de la vertu?

ANOUSOUYA.

C'est de toute notre ame que nous reconnaissons de tels personnages pour nos seigneurs et maîtres.

---

1 Véda. Ainsi s'appellent les livres les plus anciens de l'Inde, monument d'une civilisation que W. Jones regarde comme contemporaine de Moïse. Ils sont le fondement de la religion indienne. Ils étaient anciennement au nombre de trois. On a par la suite ajouté un quatrième Véda; et quelquefois, sous le nom de cinquième Véda, on désigne des traditions historiques et mythologiques.

DOUCHMANTA, *s'adressant aux deux amies.*

Me sera-t-il permis à mon tour de vous faire quelques questions au sujet de votre charmante amie?

TOUTES DEUX.

Seigneur, une telle demande est une faveur pour nous.

DOUCHMANTA.

Dites-moi donc comment le vénérable Canoua, entièrement plongé comme il l'est dans la contemplation du grand Être, pourrait avoir pour fille votre chère Sacountalâ?

ANOUSOUYA.

Seigneur, ce mystère va vous être éclairci. Vous n'ignorez pas qu'il existe un saint roi, célèbre par sa puissance, nommé Causica...

DOUCHMANTA.

Eh bien! ce célèbre Causica?

ANOUSOUYA.

Sachez que Sacountalâ est sa fille; mais que, ayant été abandonnée dès sa naissance, elle fut recueillie par le vénérable Canoua, qui la fit élever dans cet hermitage et en fut, à cause de cela, regardé comme le véritable père.

DOUCHMANTA.

Abandonnée, dites-vous. Ce mot excite vivement ma curiosité. Daignez, je vous prie, me faire connaître cette circonstance dans tous ses détails.

ANOUSOUYA.

Un jour donc ce saint personnage était sur le point d'accomplir sa pénitence volontaire, lorsque les Dévas épouvantés et craignant d'être surpassés dans leurs mérites par un simple mortel, députèrent vers lui la nymphe Ménacâ, pour le faire échouer dans ses bonnes œuvres...

DOUCHMANTA.

Quoi! les Dévas sont-ils donc sujets à la crainte comme nous autres hommes? Eh bien!

ANOUSOUYA.

Le printemps régnait alors, accompagné de tous ses charmes, et les regards du saint anachorète ne s'arrêtèrent pas impunément sur la nymphe.

DOUCHMANTA.

J'avais déjà deviné qu'une nymphe céleste devait être sa mère.

PRIYAMVADA, *souriant et regardant silencieusement Sacountalâ.*

Mais il me semble que notre hôte voudrait nous

adresser encore quelques questions. (*Sacountalâ la menace du doigt.*)

DOUCHMANTA.

Bien deviné, Priyamvada : dans le désir que j'éprouve de connaître tout ce qui intéresse cette fille angélique, je me permettrai encore une seule demande.

PRIYAMVADA.

Eh! pourquoi tant délibérer, seigneur? ne savez-vous pas que le premier devoir d'une anachorète est de faire vœu de soumission?

DOUCHMANTA.

En ce cas, dites-moi : Votre belle compagne aurait-elle donc embrassé, par reconnaissance pour les soins paternels de Canoua, le genre de vie d'un rigide anachorète? Serait-elle condamnée, hélas! à consumer ses jours solitaires au milieu de ses chères gazelles, aux regards mille fois moins doux que les siens?

PRIYAMVADA.

Seigneur, jusqu'à présent notre jeune amie s'est acquittée avec zèle de tous les devoirs commandés par un genre de vie sévère; mais l'intention du vénérable Canoua est de l'unir par la suite à un époux digne d'un pareil don.

DOUCHMANTA, *au comble de la joie.*

(*A part.*) Réjouis-toi, ô mon cœur! réjouis-toi! ce que tu ne faisais que soupçonner est actuellement changé pour toi en certitude; ce que tu aurais craint de toucher il n'y a qu'un instant encore, à l'égal du feu, tu peux t'en parer comme de la perle la plus précieuse!

SACOUNTALA, *avec colère.*

Anousouya, il faut que je me retire.

ANOUSOUYA.

Par quelle raison, ma chère amie?

SACOUNTALA.

Je vais instruire notre vénérable matrone Gautami de tous ces propos indiscrets de Priyamvada. (*Elle se lève.*)

ANOUSOUYA.

Crois-tu, ma belle, qu'il serait convenable à une sainte hermite de s'en aller ainsi à sa fantaisie avant d'avoir rendu complétement à un hôte aussi distingué tous les devoirs de l'hospitalité? (*Sacountalâ, sans lui répondre, fait toujours mine de partir.*)

DOUCHMANTA, *à part.*

Quoi! elle s'en va! (*Il se lève, comme pour la*

retenir ; mais il la laisse aller.) Oh! qu'il est difficile de ne pas trahir par ses actions le trouble de son ame!

PRIYAMVADA, *retenant Sacountalâ.*

Oh! tu as beau faire la fâchée, tu ne partiras pas.

SACOUNTALA.

Qui peut m'en empêcher, s'il vous plaît?

PRIYAMVADA.

Eh! ces deux arbustes que tu t'es engagée à arroser pour moi ; ne faut-il pas que tu t'acquittes de ta dette? Libre à toi de nous quitter ensuite. (*Elle la fait revenir de force.*)

DOUCHMANTA.

De grâce, épargnez votre jeune amie. Je pense qu'elle doit être déjà assez fatiguée par le zèle qu'elle a mis à arroser ses plantes favorites. Voyez : ses belles épaules sont tout affaissées encore par le poids de l'arrosoir qu'elle vient de quitter ; le sang colore plus vivement la paume de sa main délicate : on reconnaît qu'elle souffre à sa respiration pressée ; le nœud charmant qui emprisonne avec tant de grâce les fleurs de siricha dont son oreille est ornée, est humecté de sueur, et d'une main languissante elle réunit les boucles de ses cheveux échappées de la bandelette à demi détachée, qui peut à peine les contenir. Je prends sur moi d'acquitter sa dette. (*Il présente son anneau à Priyamvada. Les deux amies, après avoir lu le nom qui y est gravé, se regardent l'une l'autre dans le plus grand étonnement.*) Ce n'est qu'une bagatelle peu digne, je le sais, de vous être offerte; mais ce qui peut lui donner quelque prix, c'est que je tiens cet anneau du roi.

PRIYAMVADA.

Et c'est pour cela que vous ne devez point vous en séparer. Votre seul désir suffit pour me faire regarder ma compagne comme quitte à mon égard.

ANOUSOUYA.

Vois, Sacountalâ, tu es libre, grâce à l'intercession de ce généreux étranger, ou de ce noble prince peut-être!... Ainsi tu peux te retirer.

SACOUNTALA, *à part*.

Oh! je le sens, voilà l'être auquel je dois m'attacher pour la vie, s'il m'est permis de disposer de moi.

PRIYAMVADA.

Eh bien, Sacountalâ, tu n'es pas partie?

SACOUNTALA.

Ne m'as-tu pas remis ma dette? Je m'en irai quand cela me fera plaisir.

Quelqu'un derrière la scène.

O pieux hermites ! ne perdez pas de temps à mettre à l'abri les faibles animaux qui peuplent votre sainte retraite : tout annonce l'approche du roi Douchmanta, qui se livre au plaisir de la chasse. Déjà un tourbillon de poussière, soulevé par les pieds des chevaux, retombe sur nos vêtemens d'écorce tout humides encore, et suspendus aux branches, où ils achèvent de sécher, semblable à ces nuées d'insectes qui, par un beau rayon de soleil, viennent s'abattre en foule sur les arbres de la forêt.

DOUCHMANTA, *à part.*

Quel malheur ! un corps de troupes à ma recherche aura sans doute imprudemment porté le trouble dans cette forêt.

Quelqu'un derrière la scène.

O pieux hermites ! tenez-vous en garde contre cet éléphant sauvage, qui répand l'épouvante dans le cœur des vieillards, des femmes et des enfans. Le voilà qui, dans un heurt terrible, vient de rompre une de ses énormes défenses contre le tronc robuste d'un arbre qui s'opposait à son passage : il est à présent embarrassé dans les branches entortillées d'une liane impénétrable que dans sa rage il voulait déraciner. Oh! quelle funeste interruption il a occasionée dans nos rites sacrés! comme il a fait fuir à son approche la troupe dispersée de nos gazelles timides! quel dégât il a apporté dans notre sainte retraite, cet éléphant indomptable que la vue d'un char a jeté dans un accès de fureur?

(*A ce cri d'alarme, les trois jeunes filles se pressent l'une contre l'autre, tout effrayées.*)

DOUCHMANTA, *à part.*

Hélas! comme involontairement j'ai occasioné tout ce trouble parmi ces pieux anachorètes! Allons il faut que j'aille y mettre ordre à l'instant.

LES DEUX AMIES.

Seigneur, la crainte de cet éléphant nous a toutes troublées; permettez que nous cherchions un refuge dans l'hermitage.

ANOUSOUYA, *à Sacountalâ.*

Chère amie, la respectable Gautami doit être dans la plus vive inquiétude à notre sujet : viens donc promptement, que nous nous réunissions toutes ensemble.

SACOUNTALA, *feignant de ne pouvoir marcher.*

Hélas! hélas! une douleur insupportable m'ôte tout à coup la faculté de me mouvoir.

DOUCHMANTA.

Retirez-vous paisiblement, aimables filles; cependant nous allons faire en sorte que le calme soit bientôt rétabli dans cet asile solitaire.

LES DEUX AMIES.

Seigneur, vous êtes loin d'avoir été d'abord traité par nous comme vous le méritiez, et maintenant un événement fâcheux vient nous interrompre au milieu des devoirs que nous nous apprêtions à vous rendre : nous espérons cependant que vous voudrez bien nous pardonner et que, malgré notre manque de respect à votre égard, vous daignerez encore honorer de votre présence cet humble hermitage.

DOUCHMANTA.

Que dites-vous? que dites-vous? Eh! pouviez-vous m'offrir rien de plus aimable que vous-mêmes?

SACOUNTALA.

Oh! Anousouya, mon pied vient d'être cruellement blessé par cette pointe aiguë de cousa, et maintenant voici qu'une branche de couravaca retient mes vêtemens : soutenez-moi donc, mes compagnes, ou je sens que je vais tomber. (*Elle*

DOUCHMANTA.

Hélas ! les voilà parties !... Depuis que j'ai vu Sacountalâ, je ne me sens pas un grand désir de retourner dans ma capitale. Je vais donc faire camper ma suite à quelque distance de la forêt, afin d'avoir la liberté de la revoir encore ; car, seule, elle occupe mon ame toute entière ; en vain je voudrais pouvoir m'en éloigner. Mon corps peut bien tenter de le faire, mais mon ame rétrograde vers elle : telle la flamme de l'étendard que l'on porte contre le vent. (*Il sort.*)

FIN DU PREMIER ACTE.

ACTE II.

MADHAVYA.

Aye! aye! je n'en puis plus!... Comment tenir à cette passion désordonnée du roi pour la chasse? — Être condamné à ne jamais entendre que ces cris mille fois répétés : A vous, voici le cerf! A vous, voici le sanglier! — Puis, en plein midi, après avoir battu toutes les routes de la forêt, n'avoir pour tout refuge que l'ombre rare de grands arbres à demi dépouillés, et pour tout rafraîchissement que l'eau saumâtre et chaude des torrens, corrompue par un amas de feuilles qu'elle entraîne. Dieu sait à quelle heure il vous est permis d'avaler à la hâte quelques bouchées de viande qui vous brûlent au passage! — De dormir à son aise, il n'y faut pas penser : le bruit des chevaux durant la nuit entière, ne vous permet pas de fermer l'œil un instant, et, dès le point du jour, de misérables coquins, intrépides chasseurs, vous percent impitoyablement les oreilles par ces cris désespérans : A la forêt! à la forêt!

Encore si c'étaient là mes seuls sujets de peine!... Mais voilà bien un autre surcroît de maux. Depuis le jour que, séparé de sa suite par l'ardeur qu'il mettait à poursuivre une jeune gazelle, le roi pénétra dans certain hermitage, et qu'il y eût découvert je ne sais quelle jeune hermite, nommée Sacountalâ, voilà qu'il ne parle plus de retourner à la ville.

Toutes ces pensées m'ont tenu éveillé jusqu'au lever de l'aurore, et cependant, quel espoir de retour, tant que mon royal ami n'aura pas. épousé sa nouvelle conquête?... (*Portant ses pas à droite et à gauche, et regardant.*) Le voilà qui vient la main armée de son arc, et les cheveux ornés d'une guirlande de fleurs agrestes. Oh! qu'on voit bien dans toutes ses manières que son cœur est profondément blessé! — Bon, je vais me tenir comme si j'avais les membres tout brisés de fatigue. (*Haut.*) Il est bien temps, je crois, que je prenne un moment de repos. (*Il s'appuie fortement sur son bâton.*)

DOUCHMANTA *paraît.*

(*A part.*) Cette conquête ne sera pas facile!... Cependant, à en juger d'après la manière dont elle a paru être affectée à mon égard, je crois avoir tout à espérer, et malgré toutes ces modesties, j'ai cru m'apercevoir qu'elle ne désirait pas moins vivement que moi le moment où nous pourrions être unis. (*Il sourit.*) Oui, c'est ainsi que notre esprit juge des choses conformément à la manière dont il est lui-même affecté ; mais souvent il est ensuite cruellement détrompé ! En serait-il ainsi de moi ? Oh non. Si en s'éloignant son doux regard exprimait tant de tendresse ; si elle affectait tant de lenteur dans sa marche, où à chaque pas elle semblait déployer une grâce nouvelle ; si, lorsque son amie voulait la retenir contre son gré, elle lui a témoigné une si vive impatience... Tout cela, certes, tout cela c'était pour moi. Oui, l'amour a des yeux excellens pour saisir tout ce qui est de son domaine.

MADHAVYA, *toujours courbé sur son bâton.*

Grand roi, l'excès de la fatigue me prive de l'usage de mes mains ; excusez donc, je vous prie, si ce n'est que des lèvres que je murmure un salut.

DOUCHMANTA, *le regardant en souriant.*

Eh! d'où te vient donc cette courbature ?

MADHAVYA.

Comment ? d'où elle me vient ? C'est vous-même qui m'avez rompu les os, et vous me demandez la cause de mes plaintes.

DOUCHMANTA.

Je ne comprends pas. Explique-toi davantage.

MADHAVYA.

Eh bien, ce vétasa qui joue là-bas le rôle d'un bossu, croyez-vous que ce soit de son propre mouvement ou qu'il n'y soit pas forcé par la violence du fleuve ?

DOUCHMANTA.

C'est, sans aucun doute, par la force du courant.

MADHAVYA.

Et c'est aussi par le bon plaisir de votre majesté que j'en suis réduit à cet état.

DOUCHMANTA.

Comment cela donc ?

MADHAVYA.

Convient-il, je vous le demande, de laisser ainsi à l'abandon les affaires les plus importantes de l'État, et de préférer à l'habitation paisible de votre palais, ces forêts, où vous prenez toutes les habitudes d'un véritable sauvage ? Est-ce ici, dites-moi, que vous pouvez tenir conseil ? Et moi, vénérable Brahmane, n'est-il pas bien édifiant de me voir tout le jour à la poursuite des bêtes fauves ? Je suis tellement harassé, que je ne puis plus remuer mes membres, qui sont comme disloqués par ce rude exercice : je vous demande donc, en grâce, un seul jour de repos.

DOUCHMANTA, *à part.*

Le pauvre diable abhorre la chasse, et moi, depuis que la jeune fille de Canoua occupe mon ame toute entière, je n'y ai guère plus de goût que lui. Non, je ne me sens plus la force de tendre mon arc et d'en diriger la flèche contre ces timides gazelles qui partagent l'habitation de ma bien-aimée, et qui semblent avoir puisé dans ses beaux yeux le charme qui brille dans les leurs.

MADHAVYA, *regardant le roi.*

Quel nouveau projet sa majesté forme-t-elle encore dans son esprit? Hélas! je ne le vois que trop, j'ai crié dans le désert.

DOUCHMANTA.

Eh! quel autre projet que de me rendre aux avis que me donne ton amitié.

MADHAVYA.

En ce cas, vive le roi! (*Il veut se retirer.*)

DOUCHMANTA.

Un moment; écoute ce que j'ai à te dire.

MADHAVYA.

Je suis aux ordres de mon roi.

DOUCHMANTA.

Quand sa seigneurie sera reposée, j'aurais besoin de son ministère dans une affaire qui ne lui donnera pas la moindre fatigue.

MADHAVYA.

Quoi! sa majesté m'occupera-t-elle à savourer quelque mets délicat?

DOUCHMANTA.

C'est ce que je te dirai.

MADHAVYA.

J'attends cet heureux moment avec impatience.

DOUCHMANTA.

Ami Madhavya, tu ne peux te vanter que tes yeux aient jamais joui de tout le plaisir dont ils sont susceptibles, puisque tes regards ne sont pas encore tombés sur l'être le plus digne de les attirer.

MADHAVYA.

Que dites-vous, mon prince? Eh! dans ce moment même ne sont-ils pas dirigés sur votre personne?

DOUCHMANTA.

Quoiqu'on soit généralement porté à juger favorablement de soi, ce n'est pourtant pas de moi qu'il s'agit ici, mais de Sacountalâ, la perle de cet hermitage.

MADHAVYA, *à part.*

Bon! il faut que je cherche de tout mon pouvoir à contrarier cette passion. (*Haut.*) Mais si cette belle est fille d'un anachorète, vous ne pouvez aspirer à sa main. Ainsi à quoi vous servirait-il de la voir davantage?

DOUCHMANTA.

Eh! fou que tu es, pense-t-on à obtenir le croissant délié de la nouvelle lune, lorsque, le cou tendu et le regard fixe, on ne peut détourner la vue de son éclat argentin? Cependant ne pense pas que Douchmanta ait arrêté ses pensées sur un objet auquel il ne puisse prétendre.

MADHAVYA.

Oh! contez-moi cela.

DOUCHMANTA.

Fille d'une nymphe céleste, et inhumainement abandonnée par sa mère, elle a été recueillie et élevée par un pieux hermite. C'est ainsi qu'une tendre fleur, flétrie et inclinée sur sa tige, ranime aux rayons du soleil sa tête languissante.

MADHAVYA, *souriant*.

En vérité, quand je pense aux femmes charmantes à qui vous préférez cette nouvelle conquête, il me semble vous voir abandonner le sirop exquis de la datte pour le fruit acerbe du tamarin sauvage.

DOUCHMANTA.

Mon ami! il paraît bien que tu ne l'as pas vue, puisque tu oses en parler ainsi.

MADHAVYA.

Oh! sans doute, ce qui a pu vous plaire, ne peut manquer d'être charmant.

DOUCHMANTA.

Pour tout dire, en un mot, quand je réfléchis sur la puissance de Brahma et sur les perfections de cette femme incomparable, il me semble que ce n'est qu'après avoir réuni dans sa pensée tous les élémens propres à produire les plus belles formes, et les avoir combinés de mille manières dans ce dessein, qu'il s'est enfin arrêté à l'expression de cette beauté divine, le chef-d'œuvre de la création.

MADHAVYA.

Eh! dites-moi, quels sont ses sentimens à votre égard?

DOUCHMANTA.

De jeunes filles élevées dans un hermitage sont naturellement timides; cependant ce regard baissé en ma présence, ce sourire surpris sur lequel on vous fait adroitement prendre le change; n'est-ce pas là la preuve d'un amour qui, retenu par la plus aimable pudeur, s'il n'ose se dévoiler en entier, se laisse cependant deviner en partie?

MADHAVYA.

C'est sur de tels indices que mon roi chante victoire?

DOUCHMANTA.

Elle s'est mieux déclarée au moment de partir avec ses jeunes compagnes : voyez, leur disait-elle, en faisant un doux mensonge, mon pied vient d'être cruellement blessé par cette pointe aiguë de cousa; et elle s'arrêtait sans sujet. Puis, elle n'avait pas plutôt fait quelques pas, qu'elle retournait la tête, feignant de dégager ses vêtemens des branches d'un arbuste qui ne les retenait point, et cela pour jeter les yeux sur moi.

MADHAVYA.

Et vous n'êtes pas sans doute sans avoir fait une bonne provision de vivres, ensorcelé, comme vous l'êtes, dans cette forêt, par les charmes de votre belle hermite?

DOUCHMANTA.

C'est à chercher quelque stratagème pour pénétrer de nouveau dans cette enceinte sacrée, que je veux que tu emploies ton esprit.

MADHAVYA.

Eh! qu'est-il besoin d'expédiens? n'êtes-vous pas roi?

DOUCHMANTA.

Que veux-tu dire?

MADHAVYA.

Holà! hermites, que l'on me livre à l'instant la sixième partie de la récolte du riz qui me revient de droit! Voilà, sans autre prétexte, comment vous devez vous présenter.

DOUCHMANTA.

Insensé! c'est un tribut d'une autre nature que nous avons à attendre des saints hermites, tribut préférable à des monceaux de pierreries. Ces biens que les rois prélèvent sur leurs autres sujets, sont d'une nature périssable; mais les faveurs que par leurs ferventes prières ils obtiennent pour nous du Ciel, demeurent sur nos têtes à jamais.

Quelqu'un derrière la scène.

Pourrions-nous être assez heureux pour jouir de la présence du roi?

DOUCHMANTA.

Oh! à ce ton de voix si calme, je juge que ce doivent être quelques hermites.

LE CHAMBELLAN *entre.*

Puisse le roi être à jamais victorieux. Voici deux jeunes richis[1] qui attendent à l'extérieur.

DOUCHMANTA.

Qu'ils entrent sur-le-champ.

UN DES HERMITES, *envisageant le roi.*

Quelle confiance n'inspirerait pas cet air de grandeur, ou plutôt cette expression de bonté! Quelle foule d'avantages ne nous procure pas sa présence!... Oui, c'est avec justice que les bardes inspirés élèvent sa gloire jusqu'aux cieux.

---

1 Richis. On entend par là une classe de sages.

LE SECOND HERMITE.

C'est donc là Douchmanta, l'illustre favori d'Indra [1]?

LE PREMIER HERMITE.

Sans doute : quelle est ta pensée?

TOUS DEUX, *s'étant rapprochés.*

Que la victoire, grand roi, soit toujours votre partage!

DOUCHMANTA.

Recevez mon salut.

LES DEUX RICHIS.

Puisse votre majesté être à jamais heureuse! (*Ils offrent des fruits au roi.*)

DOUCHMANTA.

Informez-moi, je vous prie, du but de votre visite.

LES DEUX RICHIS.

Les paisibles habitans de cet hermitage, ayant appris que votre majesté s'était arrêtée à peu de distance, ils désireraient...

DOUCHMANTA.

Et que veulent de moi ces pieux solitaires?

---

[1] Indra, c'est le roi du ciel.

LES DEUX RICHIS.

Ils vous conjurent de venir habiter l'hermitage durant quelques jours, accompagné de votre écuyer, persuadés que votre présence suffira pour épouvanter une foule de mauvais génies, qui, depuis le départ du vertueux Canoua, notre chef, ne cessent de porter obstacle à nos saints exercices.

DOUCHMANTA.

Une telle demande est pour moi une faveur.

MADHAVYA, *à part au roi.*

Voilà ce qui s'appelle vous faire une douce violence!

DOUCHMANTA.

Raivataca, que mon écuyer dispose sans délai mon char, et qu'il y place mon arc et mes autres armes.

LE CHAMBELLAN.

Le roi va être obéi. (*Il sort.*)

LES DEUX RICHIS.

Oh! qu'il est beau de voir que vous n'avez pas dégénéré de vos nobles ancêtres. Certes, la race illustre de Pourou a été instituée par Brahma pour protéger le malheureux et le mettre à l'abri de toute crainte.

DOUCHMANTA.

Allez, vertueux Brahmes, je marche sur vos pas. (*Ils sortent.*) Eh bien! mon cher Madhavya, n'es-tu pas bienheureux? tu vas voir Sacountalâ.

MADHAVYA.

Oui j'en avais grande envie d'abord; mais actuellement la présence de ces maudits rakchasas...

DOUCHMANTA.

Va! va! ne crains rien; eh! ne seras-tu pas à mes côtés?

MADHAVYA.

Mais ce bras, si occupé d'ailleurs, songera-t-il à me défendre?

LE CHAMBELLAN *revient.*

Grand roi, le char est prêt à recevoir votre majesté; mais voici qu'un messager, envoyé par la reine-mère, arrive de la capitale.

DOUCHMANTA.

Fais-le entrer.

---

1 Rakchasas, génies malfaisans, à peu près semblables aux vampires. Amis des ténèbres, ils troublent les sacrifices du soir et disparaissent aux premiers rayons du jour.

LE MESSAGER *entre et s'incline.*

Prince, d'ici à quatre jours le grand jeûne à l'occasion de l'offrande à faire aux mânes des ancêtres doit avoir lieu, et la reine fait savoir à votre majesté que sa présence est nécessaire à cette solennité.

DOUCHMANTA.

D'un côté, l'engagement que je viens de prendre envers les pieux anachorètes; de l'autre, l'ordre de la reine, mon auguste mère!... Quel parti prendre? (*Après un moment de réflexion.*) Ami Madhavya, ma mère t'a toujours affectionné comme un fils : tu pourrais donc fort bien, toi, retourner à la ville instruire la reine de l'affaire sérieuse dans laquelle je suis engagé pour les vertueux anachorètes, et remplir ma place dans cette circonstance.

MADHAVYA.

Oui; mais n'allez pas croire que ces rakchasas m'aient fait peur.

DOUCHMANTA, *souriant.*

Fi donc! un vénérable Brahmane comme toi! va, tu es à l'abri du soupçon.

MADHAVYA.

Ce n'est pas tout : maintenant que me voilà déclaré frère du roi, je ne dois partir, ce me semble, qu'avec un train convenable à ma nouvelle dignité.

DOUCHMANTA.

C'est bien aussi ce que j'avais résolu, et, déterminé comme je le suis, à rester seul ici pour protéger les vénérables hermites, je n'ai nul besoin de cette suite brillante dont je vais te faire accompagner.

MADHAVYA, *se pavanant.*

Oh! oh! me voilà donc héritier présomptif de la couronne.

DOUCHMANTA, *à part.*

Ce jeune fou a l'esprit bien léger, et il pourrait se faire que, par ses inconséquences, il laissât soupçonner la passion qui m'occupe; il faut que je donne le change à ses pensées. (*Haut.*) Sois bien persuadé, mon ami, que le désir d'être utile à ces respectables richis m'engage seul à remettre le pied dans cet hermitage, et que, dans toute cette belle passion que j'ai feint de ressentir pour Sacountalà, il n'y a rien de réel; vois, cette fable n'a été qu'un badinage de ma part, et tu te garderas bien de prendre ceci au sérieux.

MADHAVYA.

Oh! n'en doutez pas.

DOUCHMANTA.

Allons, Madhavya, songe à remplir dignement le rôle que je viens de te confier : quant à moi, je vais protéger mes bons hermites. (*Tout le monde sort.*)

FIN DU SECOND ACTE.

ACTE III.

AVANT-SCÈNE.

(*Jeune Brahmatchari* [1], *portant du cousa consacré. Il médite quelques instans, puis s'écrie, comme transporté d'admiration :*)

Non, il n'y a pas de puissance comparable à celle du grand Douchmanta ! A peine a-t-il paru dans notre hermitage, que les mauvais esprits ont cessé de nous troubler. Je puis donc remettre à nos saints pontifes ces herbes consacrées, destinées à joncher le parvis de nos autels. (*Il s'arrête et semble fixer quelque objet.*) O Priyamvada, pour qui destinez-vous ce baume rafraîchissant d'ousira [2], ces larges feuilles de lotus [3], accompagnées de leurs

---

1 Brahmatchari. C'est le nom que porte le jeune Brahmane étudiant en théologie, pendant tout le temps qu'il reçoit l'instruction de son *gourou* ou chef spirituel.

2 Ousira, *andropogon muricatum*. Racine d'une odeur exquise, qui sert à composer des cataplasmes.

3 Les feuilles de lotus accompagnées de leurs longs filamens. Les racines du lotus sont chargées de filamens fins et blancs. Toute la plante ayant une vertu calmante, les Indiens en tressent les filamens en bracelets, qu'ils croient souverains contre la fièvre.

longs filamens ? (*Il a l'air d'écouter.*) Que dites-vous ? c'est pour Sacountalâ, que consume une fièvre brûlante ? Chère Priyamvada, oh ! prenez-en le plus grand soin; car, vous le savez, elle est pour notre bon père une seconde vie. Cependant je vais lui faire remettre par la vénérable Gautami une eau consacrée qui calmera ses douleurs. (*Il sort.*)

DOUCHMANTA, *à part.*

Certes, voilà l'occasion de me montrer.

LES DEUX AMIES, *se levant toutes joyeuses.*

Comme nos désirs ont été promptement remplis. (*Sacountalâ veut se lever.*)

DOUCHMANTA.

Non, aimable fille, ne prenez pas cette peine. Ces membres fatigués et brûlans ne doivent point quitter cette couche jonchée de fleurs.

SACOUNTALA, *comme effrayée.*

(*A part.*) C'est à présent, ô mon cœur, qu'il te faut palpiter.

DOUCHMANTA, *s'asseyant.*

Priyamvada, la fièvre de votre amie n'est-elle pas un peu diminuée ?

PRIYAMVADA.

Oh ! elle prend un calmant !... Mais, ô grand

prince, puisque votre amour mutuel n'est plus un mystère, excusez si mon affection pour Sacountalâ me porte à vous questionner sur ce sujet. Grand roi, les habitans de cet hermitage s'attendaient bien à trouver en vous un généreux protecteur. Certes cette vertu...

DOUCHMANTA.

Bien! bien! passons à autre chose.

PRIYAMVADA.

Alors je vous dirai sans aucun détour, que, dès l'instant où vous parûtes aux yeux de mon amie, l'amour s'est emparé d'elle et l'a réduite à cet état de langueur. Je vous conjure donc, vous, l'auteur de son mal, de nous conserver une vie aussi précieuse.

DOUCHMANTA.

Soyez persuadée, aimable fille, que l'amour de Sacountalà est pour moi d'un prix infini.

SACOUNTALA, *avec une feinte colère.*

Mais ne vois-tu pas, ma chère, que c'est abuser de la patience du roi, qui, sans doute, brûle de retourner dans les appartemens secrets de son palais.

DOUCHMANTA.

Comment aurais-je une pensée qui te fût étrangère, chère Sacountalâ, toi qui remplis mon cœur tout entier!.. Oh, loin de toi un pareil soupçon, si tu ne me veux voir mourir à tes yeux.

ANOUSOUYA.

On dit pourtant que les rois ont bien des favorites : dans ce cas pouvons-nous espérer que vous mettrez notre chère compagne à l'abri des désagrémens sans nombre auxquels elle sera exposée de la part de ses rivales ?

DOUCHMANTA.

Pour vous rassurer en peu de mots, au milieu de la foule de mes femmes, et de tout le luxe de la royauté, deux objets seuls attireront mon attention, le gouvernement de mon empire et cette douce compagne de votre enfance.

TOUTES DEUX.

Cette promesse nous rassure.

PRIYAMVADA, *à Anousouya*.

Vois, ma chère, comme Sacountalà renaît en ce moment : semblable à la jeune femelle du paon, lorsque, accablée par l'excès de la chaleur, dans un jour d'été, un petit vent frais et humide vient ranimer ses forces languissantes.

SACOUNTALA.

Allons, demandez pardon au maître de la terre de tout ce bavardage, si contraire aux égards dus à un pareil hôte.

LES DEUX AMIES.

Bon!... Eh! que la personne qui nous a fait commettre l'offense se charge de la réparation; pour nous, ce n'est point notre affaire.

DOUCHMANTA, *souriant.*

Oh! jamais je ne pourrai pardonner cette faute, à moins, belle Sacountalâ, que vous ne me permettiez de m'asseoir à vos côtés sur ce gazon fleuri.

PRIYAMVADA.

Si tu t'y refuses, ma chère, tu vas le désespérer.

SACOUNTALA, *d'un air mécontent.*

Tais-toi, méchante; as-tu bien le cœur de te rire de moi dans l'état où tu me vois?

ANOUSOUYA, *jetant les yeux dans le lointain.*

Oh! oh! Priyamvada, j'aperçois le petit faon de l'hermitage qui court de tous côtés d'un air inquiet : sans doute il se sera échappé et est à la recherche de sa mère; il faut que j'aille bien vite l'attacher.

PRIYAMVADA.

Mais, ma chère, tu ne sais donc pas que ce petit effronté est d'une pétulance extrême? Jamais tu n'en viendras à bout : je vais te prêter mon secours. (*Toutes deux se disposent à partir.*)

SACOUNTALA.

Vous ne comptez pas, j'espère, vous en aller sans moi? — Quoi! elles m'abandonnent?

DOUCHMANTA.

Ma douce amie, rassurez-vous : n'avez-vous pas à vos ordres le plus zélé des serviteurs pour remplir la place de vos compagnes? Dites seulement un mot, et de cet éventail de feuilles de lotus, parsemées d'une rosée légère, je vais exciter un air frais, propre à endormir vos douleurs.

SACOUNTALA.

Jamais, jamais, je ne recevrai de tels services de l'être le plus digne de tous les hommages. (*Elle se lève lentement et fait quelques pas pour s'éloigner.*)

DOUCHMANTA.

Voyez, mon amie, la chaleur est loin d'être calmée, et vous paraissez si languissante!... Pourriez-vous donc braver les rayons ardens du soleil? (*Il la force doucement de revenir.*)

SACOUNTALA.

Laissez-moi, laissez-moi! ô mes compagnes, que ne me protégez-vous?

SACOUNTALA, *ramenée par Douchmanta.*

Fils de Pourou, laisse-moi. Les jeunes hermites

portent leurs pas dans ce bocage. (*S'éloignant.*) Noble prince, Sacountalâ vous prie de ne point l'oublier.

DOUCHMANTA.

Moi, t'oublier! va, charmante fille, en quelque lieu que tu portes tes pas loin de moi, toujours tu resteras attachée à mon souvenir. Telle, au déclin du jour, l'ombre d'un grand arbre fuit au loin dans la plaine, quoique constamment fixée à sa racine.

SACOUNTALA, *à part.*

Ah! ces douces paroles m'ôtent tout pouvoir d'avancer : je vais me cacher derrière cette touffe de couravacas, et de là épier ses mouvemens et juger de sa passion pour moi. (*Elle se cache.*)

DOUCHMANTA.

Que faire en ce lieu, en l'absence de ma bien-aimée? Oh! voilà qui va retarder mon départ: c'est son bracelet encore tout rempli du parfum que lui a imprimé l'ousira placé sur son sein.

SACOUNTALA, *jetant les yeux sur son bras.*

Il sera tombé de mon bras avant que je m'en sois aperçue. Cela va me servir heureusement de prétexte pour me montrer. (*Elle s'avance vers le roi.*)

DOUCHMANTA, *l'apercevant.*

Elle revient! elle revient! le passereau, consumé par la soif, ne demandait au ciel qu'une seule goutte d'eau, et voici que le nuage printanier lui verse une rosée vivifiante.

SACOUNTALA.

Prince, j'étais à moitié chemin de l'hermitage, lorsque, m'étant aperçue que je n'avais plus mon bracelet, je suis revenue pour le chercher. Rendez-le moi, de grâce, de peur que cela ne réveille quelques soupçons dans l'esprit des hermites.

DOUCHMANTA.

Je consens à le rendre, mais à une condition : c'est de le remettre moi-même à sa place.

SACOUNTALA.

Que le fils de notre seigneur daigne se dépêcher.

DOUCHMANTA, *à part.*

O doux espoir! ce titre charmant ne se donne qu'à un époux. (*Haut.*) Ma belle, l'agrafe en est un peu lâche; si vous le désirez, je tâcherai de lui donner un peu moins de jeu.

SACOUNTALA.

Comme il vous plaira.

DOUCHMANTA.

Voyez, ma chère amie, ne dirait-on pas que

c'est la nouvelle lune qui, frappée de la grâce de ce joli bras, a abandonné le ciel, et sous la forme d'un bracelet, a réuni les deux extrémités de son croissant argenté, pour l'entourer avec amour?

SACOUNTALA.

Mais, en vérité, je ne vois rien là qui ressemble à la lune; il faut apparemment que quelques grains de poussière, enlevés par le vent aux fleurs du lotus qui ornent mes oreilles, soient venus me troubler la vue.[1]

DOUCHMANTA.

Si vous le permettez donc, je vais, en soufflant sur votre œil, tâcher de lui rendre toute sa netteté.

SACOUNTALA.

Ce serait fort aimable; mais je ne sais trop si je dois me fier à vous. Le fils de mon seigneur paraît bien hésiter à me rendre le petit service pour lequel il s'est offert.

---

1 Nous avons vu plus haut (acte I) les fleurs de siricha employées à cette partie de la parure de Sacountalà, et nous devions naturellement nous attendre à ce qu'il fût ici question de ces mêmes fleurs; mais dans l'intervalle Sacountalà a eu en effet tout le temps de faire une autre toilette, et de les remplacer par celles du lotus, probablement pour donner à Douchmanta une nouvelle occasion d'admirer toute la délicatesse de son goût.

DOUCHMANTA.

Oh! pardon, j'étais distrait par cette belle fleur de lotus, qui, placée près de cet œil non moins charmant qu'elle, m'offrait un point de comparaison. (*Il lui souffle doucement sur l'œil.*)

SACOUNTALA.

A merveille! voilà mon œil parfaitement remis. Mais comment payer la complaisance du fils de mon seigneur?

Quelqu'un derrière la scène.

Écoutez, écoutez; voici le tchacravaca[1] qui appelle sa compagne, signe certain que la nuit va répandre ses ombres.

SACOUNTALA.

O fils de mon seigneur, c'est la vénérable Gautami qui me cherche. Cachez-vous, de grâce, derrière ces arbres. (*Douchmanta se cache.*)

---

1 Tchacravaca, espèce d'oiseau aquatique. Ces oiseaux, comparables à nos tourterelles pour leur affection mutuelle, sont, au dire des Indiens, condamnés à une séparation nocturne, en expiation d'une offense commise contre de saints personnages. Tous les soirs donc, au coucher du soleil, on voit ces oiseaux errer tristement sur les bords opposés de quelque rivière, passer la nuit à gémir et à s'appeler.

GAUTAMI, *un vase à la main.*

Ma fille, voici de l'eau consacrée... Eh! quoi, seule ainsi, sans autre compagnie que celle des dieux.

SACOUNTALA.

Anousouya et Priyamvada me quittent pour descendre aux bords du Malini.

GAUTAMI, *aspergeant Sacountalâ.*

J'espère, ma chère fille, que ta fièvre est diminuée; mais vois, ma fille, la nuit approche. Retournons à l'hermitage. (*Sacountalâ la suit et se retourne souvent vers le bocage.*)

DOUCHMANTA, *revenant à sa place.*

Je ne puis m'éloigner de ce bocage, où j'ai été si heureux! Voici la couche de fleurs qui porte encore son empreinte; voici les vers qu'elle a écrits sur la feuille du lotus. Pourquoi ai-je été si timide? Une autre fois je serai plus hardi. Une autre fois? Je serai peut-être plus timide encore.

Quelqu'un derrière la scène.

Grand roi! sur le point de commencer le sacrifice du soir, voilà que les grandes ombres des mauvais génies, rougeâtres et sombres comme les nuages amoncelés du crépuscule, assiégent nos autels, où déjà brille le feu sacré, et nous remplissent d'épouvante.

DOUCHMANTA.

Rassurez-vous, pieux hermites, je vole à votre secours. (*Il sort.*)

FIN DU TROISIÈME ACTE.

ACTE IV.

AVANT-SCÈNE.

(*Anousouya et Priyamvada, occupées à cueillir des fleurs.*)

ANOUSOUYA.

Quoique Sacountalà ait un époux digne d'elle, mon cœur n'est pas tranquille à son sujet.

PRIYAMVADA.

Et quelle inquiétude peux-tu avoir !

ANOUSOUYA.

Le roi, comme tu le sais, après avoir satisfait aux vœux des saints anachorètes, est reparti ce matin pour sa capitale. Se souviendra-t-il de la naïve Sacountalà ?

PRIYAMVADA.

Rassure-toi donc. Va, un prince aussi généreux ne saurait manquer à l'honneur. Mais il est un point plus inquiétant : comment Canoua prendra-t-il la chose ?

ANOUSOUYA.

Mais fort bien, ce me semble. Il voulait donner sa fille à un époux digne d'elle. Il doit être satisfait. Mais voilà bien assez de fleurs pour notre offrande.

(*Quelqu'un derrière la scène :* C'est moi, holà!)

ANOUSOUYA.

Il me semble entendre la voix d'un hôte impatient.

PRIYAMVADA.

Courons donc à l'hermitage... Mais Sacountalâ y est! Que dis-je? Non, son cœur, trop préoccupé, l'en rend comme absente.

ANOUSOUYA.

Volons-y donc! ces fleurs seront une excuse pour notre retard.

Quelqu'un de nouveau.

Ah! voilà donc le cas que l'on fait d'un hôte? Eh bien! sache que celui pour lequel toutes tes pensées sont ainsi concentrées et dont le souvenir te distrait au point que tu ne me vois même pas, moi saint pénitent : sache que bientôt il t'aura oubliée.

PRIYAMVADA.

Malheur! malheur! envers quel hôte Sacountalâ a-t-elle manqué de respect?

ANOUSOUYA.

Cet hôte, c'est le redoutable Dourvasas. Je le vois plein de colère; il s'éloigne précipitamment.

PRIYAMVADA.

Grands dieux! le plus redoutable des richis.

Va vite, tombe à ses pieds et tâche de le ramener, pendant que je préparerai l'eau et les fruits consacrés pour lui en faire une offrande.

ANOUSOUYA.

J'y vole. (*Elle sort.*)

PRIYAMVADA, *feignant de glisser en courant.*

Ah? dans ma précipitation, j'ai laissé tomber la corbeille. (*Elle ramasse ses fleurs.*)

ANOUSOUYA, *revenant.*

Que te dirai-je, ma chère? C'était la colère incarnée... Cependant il s'est un peu apaisé. Voyant qu'il ne voulait pas revenir, je me suis jetée à ses pieds : Saint personnage, lui ai-je dit, si vous n'avez pas été honoré aujourd'hui de la manière qui convenait à votre dignité, hélas! ne pourriez-vous pas pardonner à une jeune femme distraite par l'excès de sa douleur? — Il faut, me répondit-il, que mes paroles s'accomplissent; cependant l'effet de cette imprécation cessera au moment où son époux jettera ses yeux sur certain ornement destiné à la lui faire reconnaître. A ces mots il disparut.

PRIYAMVADA.

Nous pouvons donc respirer! car, sur le point de partir, le roi lui-même a mis au doigt de Sacountalà son propre anneau, sur lequel est gravé

son nom, en lui disant : Que ceci soit un gage
de mon souvenir! Ainsi, c'est à cet anneau qu'est
attaché la vertu de rompre le charme produit par
cette imprécation.

ANOUSOUYA.

Viens, cependant, et cherchons par nos offrandes
à détourner les malheurs qui menacent notre amie.
(*Elles s'avancent ensemble.*)

PRIYAMVADA, *jetant en passant les yeux sur Sacountalâ.*

Vois, comme elle appuie son front sur la main
gauche. Elle médite profondément. Son ame semble l'avoir abandonnée pour suivre son époux;
elle ne sait plus même si elle existe : aurait-elle
pu s'apercevoir de la présence d'un hôte?

ANOUSOUYA.

Ceci, Priyamvada, doit rester un secret dans
le fond de nos cœurs. Ménageons la sensibilité
de notre amie. (*Elles sortent.*)

(*Un jeune élève de Canoua, les yeux encore chargés de sommeil, s'avance sur la scène.*)

LE JEUNE BRAHMATCHARI.

D'après les ordres de Canoua, qui est de retour
de son pélerinage, je viens examiner l'état du
ciel et ce qui reste de nuit à s'écouler. (*Il s'avance
et promène ses regards sur divers points de l'horizon.*)

Quoi ! voici déjà l'aurore. D'un côté cette lune solitaire, comme suspendue au sommet des montagnes : de l'autre, ce soleil tout étincelant, qui s'élance dans les cieux ; ces deux astres magnifiques, par leurs levers et leurs couchers successifs, n'annoncent-ils pas aux hommes les succès et les revers de cette vie ? Déjà la lune est perdue sous l'horizon, et la fleur du lotus, dont l'éclat n'existe plus que dans notre souvenir, ne réjouit plus nos yeux. C'est ainsi que loin de son bien-aimé, la jeune fille est en proie à la sombre tristesse. De quels feux les premiers rayons du soleil font étinceler les perles de rosée, suspendues au feuillage des jujubiers éclatans de la pourpre de leurs fruits ? Là, le paon à peine éveillé, abandonne le toit de l'hermitage, couvert d'un darbha touffu, où il a passé la nuit, et ici, tout près de moi, le faon timide, avant de s'élancer loin de l'enceinte consacrée, dont la limite porte partout l'empreinte légère de ses pas, semble essayer, en étendant ses membres délicats, si le repos ne leur a rien fait perdre de leur admirable souplesse.

ANOUSOUYA *entre, enveloppée dans sa robe et comme enveloppée dans ses pensées.*

(*A part.*) Non, je ne puis concevoir que le roi ait fait un tel affront à ma Sacountalâ.

LE JEUNE BRAHMATCHARI.

Allons, il faut aller dire à notre Gourou[1] qu'il est temps de commencer le sacrifice. (*Il sort.*)

ANOUSOUYA.

Oui, voilà le jour, et cependant je suis encore tout appesantie! Et mes mains se refusent aux travaux du matin... La douleur m'accable, quand je vois Sacountalà oubliée par celui qu'elle aimait. Mais cet oubli n'aura qu'un temps. Si nous faisions parvenir au roi l'anneau qui doit lui rendre la mémoire?.. Autrement, quelle compassion attendre de ces hermites au cœur dur? Et cependant notre jeune amie n'est nullement coupable! Mais, toutes convaincues que nous en sommes, oserons-nous dire à Canoua que Sacountalà, pendant son absence, a pris Douchmanta pour époux? Hélas! que faire?

PRIYAMVADA, *entrant avec précipitation.*

Vite, vite! Anousouya, voilà qu'on dispose tout pour le prochain départ de Sacountalà.

ANOUSOUYA.

Que dis-tu donc?

---

[1] Gourou. Tel est le nom qu'on donne au Brahmane qui est le père spirituel d'un enfant régénéré.

PRIYAMVADA.

Écoute, je m'étais rendue près d'elle pour savoir comment elle avait passé la nuit. Et voilà que Canoua survient et l'embrasse tendrement, tandis que, couverte de confusion, elle n'osait lever les yeux; puis il lui fait entendre ces mots consolateurs : Courage, ma fille, après un si heureux présage, je dois bannir de ton esprit tous ces noirs chagrins : oui! par un bonheur inespéré, le sacrificateur, quoique ayant la vue tout obscurcie par les nuages de la fumée, est parvenu à jeter l'offrande dans le centre même du foyer sacré, qui l'a consumée comme un disciple fidèle dévore les préceptes divins. Apprête-toi donc, ma fille, à partir aujourd'hui, accompagnée de richis vénérables, pour te rendre au palais de ton époux.

ANOUSOUYA.

Et qui a pu instruire notre père de cet événement?

PRIYAMVADA.

Une voix céleste, partie d'un être invisible, qui, au moment où notre saint Gourou mettait le pied dans le sanctuaire, a fait retentir ces paroles: Sache, ô vertueux Brahmane, qu'un rayon de la gloire de Douchmanta a pénétré dans le sein de ta fille pour le bonheur du monde, semblable à ce feu mystérieux que recèle sous son écorce le sami sacré.

ANOUSOUYA.

O bonheur ! et pourtant, en songeant qu'il faut nous séparer de notre amie, je me sens bien triste.

PRIYAMVADA.

Pourquoi nous affliger ? Songeons plutôt que son temps d'épreuves est fini.

ANOUSOUYA.

Eh bien donc ! tu vois cette boîte de coco suspendue à une branche de ce bel amra. Prévoyant ce moment, je me suis amusée à la remplir de la poussière des fleurs du késara. Recueille-la avec le plus grand soin dans une feuille de lotus, pendant que, de mon côté, je vais aller chercher de la teinture jaune, un peu de terre consacrée et quelques jeunes pousses de dourva[1], pour pétrir le tout ensemble et en faire une amulette qui la préserve de tout malheur. (*Priyamvada détache la boîte pendant qu'Anousouya sort.*)

---

1 Dourva. Cette graminée n'est pas moins sacrée que le cousa. Ses fleurs sont charmantes ; on les prendrait pour autant de petits rubis et d'émeraudes, que le moindre vent entretient dans un mouvement continuel.

Quelqu'un derrière la scène.

Gautami, que les deux Misras[1], Parngarava et Saradouata, soient avertis de se tenir prêts pour conduire Sacountalâ au palais de son époux.

PRIYAMVADA, *écoutant.*

Dépêche-toi, Anousouya, les richis vont partir avec Sacountalâ pour Rastinapoura.[2]

ANOUSOUYA, *rentrant avec les objets qu'elle est allée chercher.*

Me voici; viens, ne perdons pas de temps. (*Elles avancent ensemble.*)

PRIYAMVADA, *regardant.*

Ah! j'aperçois Sacountalâ qui, au sortir de son bain du matin, reçoit les félicitations des vénérables matrones, qui lui présentent des corbeilles de riz consacré... Courons au-devant d'elle.

(*Sacountalâ, entourée des femmes de l'hermitage, ayant Gautami à leur tête.*)

---

1 Misras. C'est un titre d'honneur donné à certains personnages remarquables soit par leurs talens, soit par leurs vertus.

2 Rastinapoura. Nom de l'ancienne capitale, que l'on croit avoir été la même que l'ancienne Dehli, éloignée de la ville moderne de cinquante-sept milles.

SACOUNTALA.

Femmes respectables, recevez mes adorations.

GAUTAMI.

Va, ma fille, habiter un palais, et que ta présence soit pour ton époux une source de prospérités et d'honneurs.

LES FEMMES HERMITES.

Oui, la plus aimable des femmes! et puisse naître de toi un héros!

(*Toutes se retirent, à l'exception de Gautami.*)

LES DEUX AMIES, *abordant Sacountalâ.*

Chère amie, ton bain t'a-t-il été agréable?

SACOUNTALA.

Soyez les bien-venues, mes douces compagnes. Asseyons-nous un moment ensemble.

LES DEUX AMIES, *se plaçant à ses côtés.*

Allons, redresse-toi un peu, que nous t'attachions cette amulette qui doit t'attirer le bonheur.

SACOUNTALA.

Hélas! que de longs jours vont s'écouler sans que j'aie le plaisir d'être parée par vos mains! (*Elle essuie une larme.*)

LES DEUX AMIES.

Ce n'est pas bien, ma chère amie; ce n'est pas

bien de pleurer dans un si beau jour. (*Elles fondent elles-mêmes en larmes, tout en disposant sa parure.*)

PRIYAMVADA.

Il faut donc que cette beauté divine se contente de la parure que fournissent nos bois?

(*Un jeune richi entre, portant un habillement somptueux.*)

LE JEUNE RICHI.

Voici une parure complète pour la reine. Puisse le Ciel lui accorder de longs jours.

GAUTAMI.

Mon fils Harita, d'où viennent toutes ces richesses?

HARITA.

Elles sont dues au pouvoir de notre père Canoua.

GAUTAMI.

Que nous dis-tu là?

HARITA.

Loin de moi, vénérable matrone, de parler en plaisantant. Comme d'après les ordres de notre saint Gourou nous nous étions rendus dans la forêt pour cueillir des fleurs, simple parure de Sacountalà, voilà que tout à coup par un miracle, dû sans doute aux nymphes bocagères, nous apercevons, flottant aux branches d'un grand arbre, un voile céleste du lin le plus fin, imitant dans sa blancheur la lumière argentée de la lune, sûr présage du bonheur de Sacountalâ : d'un autre arbuste distillait une laque admirable, destinée à teindre du plus beau rouge ses pieds délicats ; tandis que de tous côtés de petites mains charmantes, qui rivalisaient d'éclat avec les plus belles fleurs, se faisant jour à travers le feuillage, répandaient autour de nous ces joyaux de toute espèce, dignes de briller sur le front d'une reine.

GAUTAMI.

Les déesses, par cette faveur, ne déclarèrent-elles pas que la fortune du roi est désormais attachée à ta personne, chère Sacountalâ? (*Sacountalâ baisse les yeux.*)

HARITA.

Je vais à la rencontre de Canoua, qui est descendu au Malini pour faire ses ablutions et l'instruire de ce prodige. (*Il sort.*)

ANOUSOUYA.

Étrangère comme je le suis à de si beaux ajustemens, je ne sais comment les disposer sur ta personne. (*Elle réfléchit en les examinant.*) Allons, je vais mettre à profit le peu de tact que je puis avoir acquis dans l'art de la peinture, pour les arranger de mon mieux.[1]

---

1 Calidasa sait présenter ses personnages. Déjà Anousouya nous avait charmés par son esprit, mais voilà que

(*Canoua entre à sa sortie du bain.*)

CANOUA, *méditant*.

Il est donc décidé que Sacountalâ nous quitte aujourd'hui! Mes larmes, que je voudrais retenir, se trahissent par ma voix balbutiante; mon œil est sombre comme ma pensée. Hélas! si moi, habitant sauvage de la solitude, je souffre à ce point, quelle n'est pas la douleur d'un véritable père, au moment de se séparer d'une fille chérie.

LES DEUX AMIES.

Chère Sacountalâ, te voilà parfaitement parée: il ne te manque plus que ce voile mystérieux. (*Sacountalâ s'enveloppe du voile.*)

GAUTAMI.

Ma fille, ton vénérable Gourou semble attendre de toi le baiser du départ; rends-toi donc à son désir.

CANOUA, *l'embrassant*.

Puisses-tu, ma fille, être chérie de ton époux, comme Sarmichtha le fut de Yaati. Puisse ton fils, comme le sien, l'illustre Pourou, régner un jour sur le monde entier! Viens, mon enfant, faire tes adorations au feu. (*Tous se rendent à l'enceinte consacrée.*)

---

nous découvrons en elle un peintre plein de goût. Cela seul donne une idée de la haute civilisation où était déjà parvenue la société indienne.

CANOUA.

Puissent ces feux consacrés, orientés conformément à nos rites, autour de nos autels, et dont la flamme, alimentée par le darbha qui jonche le parvis, efface nos péchés, au ravissant parfum que l'offrande exhale, puissent ces feux te protéger à jamais. (*Sacountalâ en fait le tour.*)

CANOUA.

Allons, ma chère enfant, voici l'instant de la séparation. (*Regardant autour de lui.*) Où sont les deux richis?

SARNGARAVA et SARADOUATA, *entrant*.

Vénérable Gourou, nous voici.

CANOUA.

Sarngarava, montre le chemin à ta sœur.

SARNGARAVA.

Par ici, jeune femme, par ici. (*Tous se disposent à partir.*)

CANOUA.

Divinités de cette forêt sacrée, que dérobe à nos regards l'écorce de ces arbres majestueux que vous avez choisis pour asile, celle qui jamais n'a approché la coupe de ses lèvres brûlantes, avant d'avoir arrosé d'une eau pure les racines altérées de vos arbres favoris; celle qui aurait craint de leur dérober la moindre fleur, malgré la passion bien naturelle d'une jeune fille pour cette coquetterie; celle qui n'était complétement heureuse qu'aux premiers jours du printemps, où elle se plaisait à les voir briller de tout leur éclat; Sacountalâ vous quitte aujourd'hui, pour se rendre au palais de son époux; elle vous adresse ses adieux.[1]

Quelqu'un derrière la scène.

Que son voyage soit heureux; que l'ombre épaisse des grands arbres lui offre dans tout son trajet un abri impénétrable au soleil; qu'un doux zéphir, rasant la surface des lacs tout couverts de larges feuilles du lotus azuré, leur dérobe pour elle une rosée rafraîchissante, et qu'il endorme

---

1 M. Casimir Delavigne a imité ce morceau dans le Paria (acte 3, scène 1), où Zaïde, jeune prêtresse, cherchant à rassurer Néala, qui se trouve dans une situation d'esprit à peu près pareille à celle de Sacountalâ, lui dit:

Va, nos divinités te défendront sans cesse:
Elles n'oublieront pas que tu fus leur prêtresse,
Qu'à tes devoirs par toi nuls objets préférés,
N'ont distrait tes esprits sous ces bosquets sacrés;
Qu'on n'eût pas vu ta bouche approcher d'une eau pure,
Sans que ta piété rafraîchît leur verdure;
Et que ta main jamais, dans son respect pour eux,
Ne leur fit un larcin pour parer tes cheveux.

Et ces autres vers de Néala, dans sa réponse à Zaïde:

Je vous quitte à regret, les dieux m'en sont témoins;
Puissent-ils vous bénir! Je confie à vos soins

ses fatigues à son souffle caressant; puissent ses pieds délicats ne fouler dans sa marche paisible que la poussière veloutée des fleurs.

SARNGARAVA.

Vénérable Gourou, votre voix serait-elle la voix du cokila, de cet oiseau divin? ou plutôt les divinités protectrices de ces bois, instruites du départ de Sacountalâ, qu'elles chérissent comme une sœur, ne lui adresseraient-elles pas leurs vœux, en empruntant à ce chantre de la forêt le charme de sa voix?

GAUTAMI.

Ma fille, incline-toi devant les divinités champêtres qui daignent faire des vœux pour toi.

Les plantes que par choix cultivait ma tendresse,
Les rameaux que mes dons courbaient sous leur richesse.
. . . .
Qu'au lever du soleil ma gazelle chérie
Trouve sur vos genoux l'onde et l'herbe fleurie;
En souvenir de moi, protégez-la toujours.
Mêlez, en lui parlant, mon nom à vos discours.

Ces vers, dis-je, sont la traduction de ces paroles de Sacountalâ : « O bon père! laisse-moi faire mes adieux à cette Madhavi que je nommais ma sœur. Mes chères amies, je la confie à vos soins; » et de cette prière enfantine : « Bon père! lorsque cette charmante gazelle, qui n'ose se hasarder loin de l'hermitage et dont la marche est ralentie par le poids du petit qu'elle porte dans ses flancs, sera devenue mère; oh! n'oubliez pas, je vous prie, de me le faire savoir. »

SACOUNTALA, *ayant fait ses adorations aux nymphes.*

(*A part à Priyamvada.*) Quelque plaisir que j'éprouve à me rendre auprès de mon époux, au moment d'abandonner cet hermitage, c'est avec peine que mes pieds se portent en avant.

PRIYAMVADA.

Hélas! tu n'es pas la seule à ressentir la douleur d'un pareil abandon. Vois dans quel état sont tous les êtres qui t'entourent : le faon attristé laisse échapper de ses lèvres immobiles les brins de darbha qu'il était en train de brouter; la femelle du paon, les ailes abattues, a fait trêve à sa danse légère; ces arbustes laissent pendre vers la terre leurs rameaux languissans, qui se dépouillent de leurs feuilles flétries.

SACOUNTALA, *comme se rappelant quelque chose.*

O bon père! laisse-moi faire mes adieux à cette charmante Madhavi, que je nommais ma sœur.

CANOUA.

Je connais, chère enfant, toute l'affection que tu lui portes; vois, elle est tout près de toi.

SACOUNTALA *court embrasser la plante.*

Liane chérie, entoure-moi de tes rameaux flexibles, semblables à des bras caressans! quand te reverrai-je? O mon père, regarde-la comme un autre moi-même.

CANOUA.

Comptes-y bien. Et aujourd'hui que tu as su conquérir un époux digne de toi, je vais aussi donner pour époux à ta plante favorite ce bel amra qui a crû à ses côtés.

CANOUA, *à Anousouya et à Priyamvada, qui pleurent.*

Pourquoi vous abandonner aux larmes? Vous devriez plutôt raffermir le courage de Sacountalâ. (*Tous se mettent en marche.*)

SACOUNTALA.

Bon père, lorsque cette charmante gazelle, qui n'ose se hasarder loin de l'hermitage et dont la marche est ralentie par le poids du petit qu'elle porte dans ses flancs, sera devenue mère, oh! n'oubliez pas de me le faire savoir.

CANOUA.

Non, aimable enfant, je ne l'oublierai pas.

SACOUNTALA, *feignant d'être arrêtée dans sa marche.*

Oh! qui donc marche ainsi sur mes pas et s'attache par intervalles au pan de ma robe?

CANOUA.

C'est ton petit faon chéri, dont tu as si souvent guéri les blessures avec l'huile d'ingoudi, lorsqu'il accourait vers toi, les lèvres ensanglantées par les pointes acérées du cousa. Se souvenant que tu lui faisais manger dans ta main les grains savoureux du syamaca, il ne peut abandonner sa bienfaitrice.

SACOUNTALA.

Pauvre petit! pourquoi t'attacher à une ingrate qui se résout à t'abandonner? Va, de même que je t'ai recueilli lorsqu'au moment de ta naissance tu vins à perdre ta mère; à présent que tu souffres de ma part un second abandon, notre bon père te prodiguera ses soins.

CANOUA.

Essuie, essuie tes larmes, et jette un regard ferme sur le chemin que tu as à parcourir. Songe que la vie est une épreuve.

SARNGARAVA.

Vénérable Gourou, vous vous rappelez ce texte de la loi : « Accompagne ton ami jusqu'à ce que tu rencontres de l'eau. » Or, nous voici près d'un vaste étang ; daignez donc nous congédier, et songez vous-même à retourner à l'hermitage.

CANOUA.

Avant de nous séparer, asseyons-nous à l'ombre de ce figuier sacré. (*Ils s'asseyent.*) N'est-il pas convenable d'adresser au roi Douchmanta quelques avis respectueux relatifs à la circonstance. (*Il médite.*)

ANOUSOUYA.

Vois comme tout être pleure ton départ. En vain la femelle du tchacravaca, cachée derrière une couche de lotus, fait entendre le cri d'amour à son mâle, qui, les yeux attentivement fixés sur toi, et le bec entr'ouvert, d'où s'échappent de longs filamens qu'il vient d'arracher, néglige de lui répondre.

CANOUA.

Mon fils Sarngarava, retiens bien ces paroles, que tu adresseras de ma part au roi Douchmanta, en lui présentant Sacountalà : Nous osons attendre de vous, grand prince, qu'en considération de la pureté de nos mœurs, de l'austère vertu, qui font tout notre patrimoine ; en considération de votre illustre origine, vous conserverez pour cette jeune femme, au milieu de vos autres épouses, la même affection que vous lui avez témoignée, lorsque en l'absence de son saint protecteur vous vous l'êtes attachée par un lien indissoluble. Quant à ce que nous pourrions désirer de plus pour elle, nous en laissons l'accomplissement au destin.

SARNGARAVA.

Vénérable Gourou, vos paroles me seront présentes.

CANOUA, *s'adressant à Sacountalâ.*

Et toi aussi, ma fille, il faut que tu entendes de ma bouche un avis salutaire; car, quoique simples habitans des forêts, nous ne sommes pas étrangers aux affaires du monde. Prête-moi donc attention. Lorsque tu auras été admise dans le palais de ton époux, montre constamment à ce souverain maître l'obéissance la plus respectueuse; tiens, quoi qu'il en coûte, envers tes rivales, la conduite d'une compagne affectionnée. As-tu quelquefois à te plaindre des manières de ton époux, garde-toi de montrer du dépit. Sois juste envers ceux qui dépendent de toi, et que la modestie et la continence soient tes principales vertus. C'est ainsi que de jeunes femmes font fleurir une maison. Viens, mon enfant, donne le baiser d'adieu à moi et à tes compagnes.

SACOUNTALA.

Quoi! est-ce qu'elles retournent aussi à l'hermitage?

CANOUA.

Comme mon intention est de les unir bientôt elles-mêmes à des époux dignes d'elles, il ne serait pas convenable qu'elles se rendissent avec toi à la ville : c'est Gautami qui t'accompagnera. Tu pleures, ma fille, tu pleures! Va, lorsque, placée au rang qui te convient, tu te verras tout à la fois distraite par les soins renaissans qu'entraîne une grande fortune, et par les caresses de ton enfant, tu compteras pour peu de chose la peine que tu éprouves en ce moment.

SACOUNTALA.

Mon père, recevez mes adorations.

CANOUA.

Sois heureuse, sois heureuse.

SACOUNTALA.

O mes amies! serrez-moi dans vos bras.

LES DEUX AMIES, *l'embrassant.*

Si par hasard le roi tardait à te reconnaître, montre lui l'anneau.

SACOUNTALA.

Tout mon cœur tremble à ce seul soupçon que vous exprimez. O mon père, quand reverrai-je cette forêt sacrée?

CANOUA.

Ma fille, lorsque, après avoir été pendant longues années l'objet des soins de ton époux, qui ne seront partagés qu'entre toi et son vaste empire, il remettra sa puissance au jeune héros que tu lui auras donné, tu reviendras alors avec lui achever de couler des jours tranquilles au sein de cette retraite. Mais adieu, adieu, trop chère enfant!

Puisse ton voyage être heureux. Il est temps que je retourne à l'hermitage.

SACOUNTALA.

Que vous allez y couler des jours paisibles et heureux, tandis que moi je vais ressentir toute l'amertume de la séparation !

CANOUA.

Cruelle enfant, me crois-tu donc doué d'un cœur insensible? Eh ! comment pourrais-je oublier ma douleur à la vue de ces jeunes plantes qui embellissent l'entrée de l'hermitage, et dont ta main a semé les graines [1] ? Adieu, adieu, trop chère enfant; puisse ton voyage être heureux! (*Saçountalâ sort avec Gautami et les deux richis.*)

LES DEUX AMIES.

Hélas ! hélas ! voilà qu'elle disparaît à travers les arbres. (*Ils se dirigent vers l'hermitage.*)

FIN DU QUATRIÈME ACTE.

---

1 Voilà le cri de la nature. Expressions ravissantes, qui rappellent les scènes les plus délicieuses de *Paul et Virginie*, cette autre composition vraiment divine, seule digne, peut-être, dans son genre, de lutter sans trop de désavantage avec l'immortelle Saçountalâ.

ACTE V.

(*Un chambellan, préposé à la garde des appartemens secrets du palais.*)

LE CHAMBELLAN, *soupirant*.

Hélas! à quelle époque fâcheuse de la vie me trouvé-je parvenu! Cette canne de bambou, qui, dans ma main, n'était autrefois pour moi qu'un simple ornement, signe distinctif de la charge que j'avais à remplir dans le gynécée, me sert, aujourd'hui que de nombreuses années ont passé sur ma tête, à raffermir mes pas chancelans. Allons, je suis chargé d'apprendre au roi que... (*Il fait quelques pas.*) Mais quoi? Ah! j'y suis : ce sont des anachorètes, arrivés de l'hermitage de Canoua, qui désirent voir le prince. En vérité, c'est une chose étrange. Ah! j'aperçois le roi; le voici qui, après s'être occupé de son peuple, va chercher à l'écart un moment de repos; semblable au chef des éléphans, qui ne se retire quelques instans à l'ombre qu'après avoir long-temps bravé le soleil, pour assurer au troupeau qu'il dirige un abondant pâturage. (*Il avance.*)

(*Le roi entre, accompagné de Madhavya et de sa suite.*)

DOUCHMANTA.

Tout homme a-t-il obtenu l'objet de ses désirs,

il est naturel de l'estimer heureux. Que n'en est-il ainsi des rois? Semblable à celui qui, pour abriter les autres, supporte avec peine le poids d'une vaste ombrelle, c'est à une fatigue sans cesse renaissante que doit s'attendre le chef d'un grand empire.

Quelqu'un derrière la scène.
Puisse le roi être à jamais victorieux.

Une voix.
Honneur au roi qui, au mépris de son bien-être, se livre pour son peuple aux plus rudes travaux, semblable à un arbre majestueux, dont la vaste cime essuie les feux les plus ardens du jour, tandis que, attiré par son ombrage, le voyageur y jouit paisiblement d'une délicieuse fraîcheur.

Seconde voix.
Les grands mettent souvent dans leur famille des distinctions humiliantes; mais toi, tu es pour tes sujets comme un tendre père, aux yeux duquel tous ses enfans ont les mêmes droits.

DOUCHMANTA.

Ces douces louanges me font oublier mes fatigues. (*Il écoute et s'assied avec sa suite.*)

MADHAVYA.

Entendez-vous les sons de ce luth, qui sem-

blent venir de cet appartement. Certes l'artiste a
du goût. Ce ne peut être que la reine, qui pré-
lude sur quelque mode nouveau.

DOUCHMANTA.

Silence donc.

Voix derrière la scène.

Se pourrait-il, abeille sauvage, qu'attirée par
un miel nouveau et toute enivrée du nectar de
la coupe du lotus, tu oubliasses la fleur parfumée de l'amra, qui a reçu si souvent tes baisers.

DOUCHMANTA.

Ce chant me semble inspiré par la jalousie. Han-
savati, autrefois l'objet assidu de mes soins, se
sentant négligée par moi aujourd'hui, me reproche
adroitement mon indifférence : Va donc la trouver de ma part et dis-lui que j'ai compris son
couplet. (*Madhavya sort.*) Chose étonnante, je
n'eus pas plutôt entendu ce couplet, qu'une mé-
lancolie profonde s'empara de moi, comme si
j'étais séparé d'un objet chéri, quoiqu'il n'en soit
rien. Pourquoi cette vague inquiétude, qui, à la
vue de certains objets, à l'audition de certains
sons, vient nous saisir au sein même du bonheur?
Ne serait-elle pas due au souvenir d'impressions
semblables, éprouvées dans une autre vie, qui
se réveilleraient comme par un instinct subit?

LE CHAMBELLAN.

Prince, de jeunes hermites, accompagnés de femmes, arrivent de la forêt sacrée qu'ils habitent au pied du mont Himalaya [1], chargés d'un message de Canoua. Ils demandent audience.

DOUCHMANTA.

C'est bien étrange! Mais ordonne de ma part à mon Brahmane[2] Somarata d'aller au-devant d'eux, de les introduire dans un lieu convenable, et de leur annoncer ma visite. (*Le chambellan sort.*)

DOUCHMANTA.

Vétravati, dirige-nous vers l'enceinte du feu sacré. [3]

VÉTRAVATI.

(*Faisant quelques pas en avant.*) Vous pouvez

---

1 Himalaya, à la lettre : *séjour des frimas*, est cette longue chaîne de montagnes, les plus élevées du globe, qui borde l'Inde vers le nord, en la séparant de la Tartarie.

2 Les princes entretenaient des Brahmanes à leur service, qui remplissaient à peu près le même emploi qu'autrefois les chapelains des grands seigneurs.

3 Vétravati est une espèce d'officier femelle chargée de l'intérieur du palais. Le prince avait à son service des femmes commandées par des officiers de leur sexe, qui non-seulement faisaient auprès de ses femmes le service intérieur du palais, mais encore l'accompagnaient à la guerre.

voir d'ici la haute terrasse toute brillante encore de l'eau lustrale dont elle vient d'être purifiée; le feu sacré qui l'éclaire, et la vache qui fournira le lait dont on doit faire une offrande aux dieux. Que mon roi prenne place dans sa litière.

DOUCHMANTA.

Vétravati, que peut donc me mander Canoua? Quelque nouvel obstacle arrêterait-il les anachorètes dans leurs rits sacrés? Quelque mauvais génie les poursuivrait-il? Ou moi-même, par mes propres fautes, n'aurais-je pas occasioné la stérilité des arbres, objets de leurs soins?

VÉTRAVATI.

Moi, je pense que ces pieux richis viennent vous remercier de la sécurité que vous leur avez rendue.

(*Les deux richis entrent, avec Gautami et Sacountalâ, et précédés par le Brahmane et le chambellan.*)

SACOUNTALA, *éprouvant un triste pressentiment.*

Ah! je ressens à l'œil droit un tremblement involontaire. (*Ils avancent tous.*)

SOMARATA.

Pieux hermites, voici votre roi qui, à peine descendu du trône, où il vient de s'occuper des affaires de l'État, est disposé à vous recevoir.

SARNGARAVA.

Nous sentons tout le prix de cette complaisance, mais nous n'en sommes pas étonnés ; l'arbre couvert de fruits nourrissans incline ses branches vers la terre ; le nuage printanier, chargé d'une pluie vivifiante, suspend son vol dans les airs ; ainsi le vrai sage, loin de s'enorgueillir de ses richesses, en devient plus accessible.

DOUCHMANTA, *examinant Sacountalâ.*

Quelle est cette jeune femme dont un long voile me cache en vain une partie des charmes ? Au milieu de ces hermites aux vêtemens sombres, elle brille comme une fleur épanouie nouvellement, et encore gênée par les liens de son calice flétri. Mais mes regards ne doivent point s'arrêter sur la femme d'un autre.

SACOUNTALA, *posant la main sur son cœur.*

Pourquoi palpiter ainsi ? Songe que tu possèdes l'affection de mon époux et prends courage.

SARNGARAVA.

Prince, notre vénérable Gourou nous a chargés de présenter d'abord ses vœux à votre majesté, et ensuite de lui exposer ce message : Grand roi, l'union que tu as contractée avec ma fille chérie, je la sanctionne dans toute la joie de mon cœur.

Accueille, avec les regards convenables, ton épouse, qui porte dans son sein le fruit de ton amour.

GAUTAMI.

Bon roi! je désirerais dire un mot, mais je crains de me rendre importune.

DOUCHMANTA.

Parlez, vénérable matrone.

GAUTAMI.

C'est à l'insu de son respectable Gourou, c'est sans avoir consulté vos familles, que vous vous êtes unis secrètement; ayez donc tous deux, en ce moment, un entretien à part.

SACOUNTALA, *à part.*

Que va dire le fils de mon seigneur.

DOUCHMANTA.

A quoi donc tend tout cela?

SACOUNTALA, *à part.*

Grands dieux! quel dédain dans ses paroles.

SARNGARAVA.

Comment! « A quoi tend tout cela? » Mais le roi doit savoir à quelle malignité les hommes sont enclins dans leurs propos. Non, une jeune femme, telle vertueuse qu'elle soit, ne peut vivre séparée de son époux, même au sein de sa famille, sans se trouver exposée aux soupçons les plus injurieux. Ainsi, chérie ou non de son mari, c'est près de lui que ses parens lui ordonnent de vivre.

DOUCHMANTA.

Eh quoi ! cette femme serait mon épouse ?

SACOUNTALA, *à part.*

O mon cœur, voilà tes craintes confirmées.

SARNGARAVA.

Quelle honte qu'un roi manque ainsi à ses engagemens !

GAUTAMI, *à Sacountalâ.*

Ma fille, laisse-moi écarter ton voile.

DOUCHMANTA.

(*A part.*) A la vue de cette beauté parfaite, et dans le doute où je suis si je l'ai autrefois prise ou non pour mon épouse, tout en contenant mes transports, je ne puis pourtant m'en détourner. Mais cette femme n'est point mon épouse.

SARADOUATA.

Parle, parle, Sacountalà ; cherche à le convaincre.

SACOUNTALA, *à part.*

Lorsque son amour pour moi n'existe plus, à quoi bon lui rappeler les circonstances qui l'ont vu naître?... Allons, cela soulagera mon cœur. Je vais parler. (*Haut.*) Fils de mon seigneur... Mais non; cette douce interpellation serait un sacrilége... Eh bien donc! noble descendant de Pourou, te convient-il, après avoir naguère, dans notre hermitage, triomphé de ce cœur trop confiant en toi; après nous être liés l'un à l'autre par le plus saint des engagemens, te convient-il de me parler ainsi?

DOUCHMANTA.

Arrête, arrête! voudrais-tu avilir en moi la royauté et m'entraîner dans une chute honteuse?

SACOUNTALA.

Si vous doutez encore, époux ingrat, au moyen de certain signe, je ferai tomber le bandeau de vos yeux. (*Cherchant son anneau.*) Oh malheur! malheur! il n'est plus à mon doigt.

GAUTAMI.

Il aura donc glissé de ta main, lorsque, dans notre station à Sacravatara, tu te seras baissée pour faire tes ablutions dans l'étang consacré à la déesse Satchi.

DOUCHMANTA.

Certes, les femmes ont de la présence d'esprit.

SACOUNTALA.

Ainsi le destin me persécute!... Mais peut-être le récit suivant me mènera-t-il au but?

DOUCHMANTA.

Voyons ce conte!

SACOUNTALA.

Ressouviens-toi qu'un jour, dans un berceau de vétravasa, tu recueillis dans le creux de ta main une eau limpide que contenait le calice d'un brillant lotus. Dans cet instant, mon petit faon favori était auprès de nous : Bois le premier, lui dis-tu avec douceur, en lui présentant ta main. Mais lui, peu habitué à ta vue, n'osa pas s'incliner pour boire, tandis qu'il le fit sans hésiter, quand je lui offris la mienne; sur quoi tu t'écrias en souriant : Il est bien vrai qu'on n'a de confiance que dans les siens, et tous deux vous êtes habitans des mêmes bois.

DOUCHMANTA.

Que ce sexe est rusé, même parmi les êtres étrangers à notre espèce! La femelle du cokila, avant de prendre son vol libre et dégagé dans les airs, dépose ses œufs dans un nid étranger, laissant à d'autres oiseaux le soin de faire éclore et d'élever ses petits.

SACOUNTALA.

Homme sans honneur, homme perfide, tu ressembles à ces abîmes dont l'ouverture est cachée par un tissu de fleurs.

DOUCHMANTA, *à part.*

Cette colère annonce bien son éducation sauvage. Ses douces paroles commençaient à me convaincre ; sa colère me rend tous mes doutes.

SARNGARAVA.

Prince, de plus longs discours seraient superflus : l'ordre de Canoua est accompli, nous retournons près de lui. Rejette cette femme, accueille-la, tu en es le maître; le mari a sur sa femme un pouvoir absolu. (*Ils se disposent à partir.*)

SACOUNTALA.

Quoi ! ce n'est point assez d'avoir été rejetée par ce perfide, il faut aussi que vous m'abandonniez? (*Elle les suit.*)

SARNGARAVA.

O femme, voudrais-tu donc te rendre coupable, en cherchant l'indépendance? Reste, reste auprès de ton époux, quoi qu'il pense de toi.

DOUCHMANTA.

Brahmane, pourquoi entretenir cette femme

dans son erreur ? Vois, la lune se contente de faire épanouir la fleur odorante du commoda, sans agir sur le lotus azuré, qui ne se réveille qu'aux rayons du soleil. Ainsi l'homme vertueux et maître de ses passions doit détourner avec soin ses regards de la femme étrangère.

SOMARATA.

Prince, vous savez que, d'après les oracles, votre premier enfant mâle, destiné à régner d'une mer à l'autre, doit, par la disposition des lignes de sa main, dessinées en tchacra, présager sa haute fortune. Si donc cette femme met au monde un enfant doué d'un pareil signe, vous la reconnaîtrez alors pour votre épouse; autrement renvoyez-la à son père. Jusque-là je lui donnerai asile.

DOUCHMANTA.

Je me rends à votre avis.

(*Sacountalâ sort avec le Brahmane d'un côté, et de l'autre Gautami, avec les deux anachorètes. Douchmanta médite.*)

Derrière la scène on crie:

O miracle! ô prodige!

DOUCHMANTA.

Et quoi donc?

SOMARATA, *rentrant.*

La plus grande des merveilles!... Comme les disciples de Canoua s'éloignaient, voilà que Sacountalà accusait son mauvais destin... Tout à coup un fantôme resplendissant descend près d'elle et l'enlève dans les airs.

DOUCHMANTA.

Je m'y perds. Vétravati, je suis dans l'accablement; reconduis-moi dans mes appartemens. (*Tous sortent.*)

FIN DU CINQUIÈME ACTE.

ACTE VI.

AVANT-SCÈNE.

(*Un officier de police, suivi de deux gardes escortant un homme les mains liées.*

LES GARDES, *frappant le prisonnier.*

Où as-tu volé cet anneau, sur la pierre duquel est gravé le nom du roi?

LE PRISONNIER.

Pardonnez, nobles seigneurs, je ne me suis pas rendu coupable de ce crime. Écoutez-moi, de grâce. Je ne suis qu'un pauvre pêcheur de Sacravatara, un honnête homme, qui, avec ses filets et ses hameçons, cherche à soutenir sa nombreuse famille. Or, un beau jour qu'ayant pris un superbe rohita, j'étais en train de le dépecer, tout à coup je trouve dans son ventre cet anneau merveilleux, et comme dans ma joie je venais de l'exposer pour le vendre, vos seigneuries ont mis la main sur moi.

L'OFFICIER, *portant la bague à ses narines.*

Cet anneau a vraiment été dans le corps d'un poisson, à en juger par l'odeur. Reste à savoir comment le fait a pu avoir lieu. Avancez donc, je vais trouver quelqu'un des familiers du roi.

LES GARDES *au pêcheur.*

En avant, en avant.

L'OFFICIER.

Attendez-moi ici jusqu'à ce que j'aie pris des informations. (*Il sort et revient bientôt.*) Qu'on délie cet homme. Le roi reconnaît pour vraies les circonstances avec lesquelles le pêcheur a retrouvé l'anneau, et il me charge de lui remettre cette bourse.

LE PÊCHEUR.

Heureux mortel que je suis !

L'OFFICIER.

Le roi était ravi. Je soupçonne que cet anneau lui rappelle un objet aimé; car, à peine l'eût-il regardé, que lui, si profond et si calme, il parut subitement troublé.

LE PÊCHEUR AUX GARDES.

Mes amis, ne vous fâchez pas de mon bonheur, je veux aller boire avec vous. (*Ils sortent.*)

———

(*La nymphe Misrakési traverse les airs sur un char.*)

MISRAKÉSI.

Je viens de disposer près de l'étang des nymphes

tout ce qui est nécessaire pour le bain de Sacountalà, et pendant qu'elle va en goûter les douceurs, je suis chargée de sa part d'examiner la manière dont le roi est affecté à son égard. Je vais me rendre invisible, et, mêlée parmi les femmes qui sont occupées dans les jardins, surprendre ainsi tous les secrets.

Une jeune fille accourant, et suivie par une autre, s'arrête auprès d'un amra.

Oh! le charmant arbuste, avec quelle grâce se balancent ses rameaux où la pourpre étincelle à travers la verdure du feuillage. Dans chacune de ses fleurs respire tout le printemps! Est-il une offrande plus convenable en ce jour où nous célébrons le retour de cette saison?

SA COMPAGNE.

Eh quoi, espères-tu donc être seule à la présenter?

PARABHRITICA. [1]

Pardonne, chère Madhoucarica [2], mais tu sais

---

[1] Parabhritica. Ce nom exprime une idée gracieuse, et il ne pourrait être mieux rendu que par le mot latin *turturilla*, quoique Parabhritica soit le nom de la femelle du cokila, et ce mot, composé de *para* (étranger, autrui) et *bhri* (nourrir), est extrêmement heureux, en ce qu'il peint d'un trait l'instinct propre à cet oiseau de faire nourrir sa progéniture par autrui.

[2] Madhoucarica, c'est-à-dire *apicula*, petite abeille.

qu'à la vue de ces fleurs enivrantes, la femelle du cokila perd entièrement la raison.

MADHOUCARICA.

Soutiens-moi, pendant qu'élevée sur la pointe des pieds je choisirai les plus belles fleurs. (*Elle en cueille.*) Oh! quoique à peine épanouies, quelle admirable odeur ces fleurs répandent dans les airs! (*Elle fait tomber une pluie de fleurs.*)

UN CHAMBELLAN.

Que faites-vous, imprudente? Cessez de dépouiller cet amra. Ne savez-vous pas que le roi, dans sa tristesse, a défendu de célébrer la fête du printemps? Les arbres eux-mêmes et les oiseaux qui peuplent leur feuillage, ne partagent-ils point sa douleur? Sans cela, la fleur de l'amra, déjà délivrée des liens de son calice, tarderait-elle à disséminer sa poussière dorée dans les airs? Pourquoi celle du couravaca, toute prête à s'épanouir, languirait-elle de la sorte dans le bouton? N'entendez-vous pas les accords du cokila expirer à moitié dans son gosier mélodieux, quoiqu'il n'ait plus à redouter la froidure?

MISRAKÉSI.

Et d'où vient donc cette défense du roi?

LE CHAMBELLAN.

Ne savez-vous pas l'histoire de l'anneau ? Le roi, en le voyant, s'est rappelé son mariage avec Sacountalà : il s'est accusé d'ingratitude, et il est tombé dans une sorte de désespoir. Mais le voici, jeunes filles, retirez-vous. (*Elles sortent.*)

DOUCHMANTA, *avec Madhavya et Vétravati.*

Vétravati, va dire ceci de ma part à mon ministre Pisouna : Attendu que dans mon accablement je ne puis tenir conseil aujourd'hui, je lui enjoins, s'il survient quelque affaire intéressante, de me le faire savoir par un écrit. (*Vétravati sort et bientôt aussi le chambellan, sur un signe du roi.*) Essayons si la vue de ces lianes fleuries, en nous offrant dans la souplesse de leurs rameaux quelque chose des grâces de Sacountalà, pourra distraire un peu nos douleurs.

MADHAVYA.

Vous vous rappelez, prince, que vous avez recommandé à votre esclave favorite, si célèbre par son talent pour la peinture, de vous apporter dans le berceau de Madhavis, où vous laisserez passer la grande chaleur, un tableau de votre composition, dont Sacountalà forme le principal personnage. (*Misrakési les suit dans le berceau.*)

DOUCHMANTA.

Comment me supporterais-je moi-même, quand je me retrace la douleur de Sacountalà au moment où je la repoussais avec indignité? Toute éplorée, bannie par moi, elle s'attachait aux pas de ses compagnons de voyage pour retourner avec eux dans son hermitage!... Demeure, lui dit d'une voix sévère le disciple de Canoua. A cet ordre terrible, elle s'arrête, remplie de frayeur, et jette encore sur moi, moi si cruel, un regard troublé par ses larmes... Ah! ce souvenir est ma mort.

MISRAKÉSI.

Je compatis vraiment à sa douleur. Que n'es-tu ici, Sacountalà?

DOUCHMANTA, *regardant l'anneau.*

Quand je quittais l'hermitage, je lui mis au doigt cet anneau où mon nom est gravé, et je lui dis : Épelle chaque jour une des syllabes qui composent mon nom, et avant que tu aies fini, tu verras arriver un de mes officiers de confiance chargé de te conduire auprès de ton époux. Mais tu sais ce qu'a fait le destin? Selon toute apparence, cet anneau sera tombé dans l'étang de la déesse Satchi, au moment où Sacountalà y faisait ses ablutions. Reviens, reviens, ô ma Sacountalà.

UNE ESCLAVE, *apportant un tableau.*

Prince, voici le portrait de la reine.

DOUCHMANTA.

Oui, la voilà, cette figure enchanteresse!... Quoique peinte seulement, on dirait qu'elle va parler, tant cette fleur de jeunesse, brillante dans tous ses traits, leur donne l'expression vivante des passions.

MADHAVYA.

Toutes ces figures sont si vraies, que j'ai peine à ne pas leur adresser la parole.

DOUCHMANTA.

Ne dirait-on pas qu'elle me cherche de ses regards, où se peint une affection si tendre?... La voilà qui sourit; elle va parler.

MISRAKÉSI.

Certes! son repentir égale son amour. Les dieux me l'ont dit, Sacountalà lui sera rendue. Allons lui apprendre tout ce qu'elle doit espérer. (*Elle prend son vol vers les cieux.*)

LE GÉNIE MATALI *descend du ciel sur le char d'Indra.*

Prince, je vous apporte les ordres du roi des

Dévas. Il existe une race de mauvais génies que vous devez combattre. Indra s'en repose sur vous. C'est ainsi que l'astre éclatant du jour charge la lune silencieuse de dissiper par sa douce lumière les ombres de la nuit. Armez-vous de votre arc et montez sur ce char. (*Tous sortent.*)

FIN DU SIXIÈME ACTE.

ACTE VII.

MATALI, *traversant les airs avec Douchmanta sur le char d'Indra*.

Nous sommes dans les hautes régions de l'empire, et votre renommée y est parvenue. Voyez l'élite des chantres inspirés, dont les uns, dans l'attitude de la méditation, composent des hymnes dignes de vos faits héroïques, tandis que d'autres, dérobant aux nymphes folâtres les couleurs dont elles teignent leurs jolis doigts, s'en servent pour les tracer sur des feuilles impérissables. Mais descendons vers la région des nuages.

DOUCHMANTA.

Nous y arrivons sans doute; car les roues humides du char font jaillir au loin une légère rosée. La lueur des éclairs traverse les vapeurs. Les tchatacas abandonnent de tous côtés leurs nids placés dans les fentes des rochers et voltigent en foule autour de nous. Quel spectacle admirable et varié me présente, d'instant en instant, grâce à la descente du char, le séjour habité par l'homme! Le sommet affaissé des montagnes se confond à mes yeux avec la surface unie de la plaine, et l'on dirait que les arbres, dépourvus de troncs, la tapissent seulement de la plus humble verdure. Les fleuves n'offrent plus que de légers filets d'eau, et comme si elle était poussée par une force invisible, la terre semble monter rapidement vers moi. Quel est cette haute montagne qui, semblable à un immense nuage, vivement éclairé par le soleil couchant, distille de ses flancs une odeur pure et brillante, et dont le pied est baigné d'un côté par la mer orientale, et de l'autre par la mer d'Occident?

MATALI.

C'est le lieu où le grand Casyapa vit dans la retraite avec la déesse Diti, son épouse. Nous y voici déjà. Admirez ce qui s'y passe.

DOUCHMANTA.

En voyant ces purs esprits, sans cesse plongés dans la méditation, à l'ombre de ces arbres immortels; tantôt se purifiant dans une eau dorée par la poussière du nénuphar; tantôt ravis en extase au sein de ces grottes silencieuses ornées par la nature de roches étincelantes, et toujours maîtres de leurs sens, malgré les agaceries de ces jeunes nymphes, je m'écrie : Oui, ce n'est que dans ce lieu que les actes de pénitence touchent à la perfection! Je voudrais voir le roi de ces lieux, le grand Casyapa.

MATALI.

Je vais vous annoncer. (*Il sort.*)

DOUCHMANTA.

J'ai je ne sais quel pressentiment de bonheur. D'où me vient-il? qui me l'expliquera?

UNE VOIX.

Se tiendra-t-il tranquille? quel mauvais petit caractère. C'est un enfant, et déjà c'est un homme. Deux jeunes filles de l'hermitage n'en viennent pas à bout. Le voilà qui entraine un lionceau, qu'il vient d'arracher à la mamelle de sa mère, et dont la crinière est encore en désordre.

(*L'enfant paraît avec les femmes.*)

DOUCHMANTA.

Chose étonnante! je sens tout mon cœur incliner vers cet enfant, comme s'il était mon propre fils. Hélas! je n'ai point de fils! pensée cruelle, qui ajoute à mon attendrissement.

UNE FEMME, *à l'enfant.*

Si tu veux être sage, je te donnerai un joujou.

L'ENFANT, *tendant la main.*

Voyons, donne d'abord.

DOUCHMANTA.

O prodige! sa petite main porte distinctement les lignes mystérieuses, pronostic certain de la souveraineté. Je me sens attiré vers lui. Jeune femme, quelle est donc sa famille?

LA FEMME.

Il est de la noble race de Pourou.

DOUCHMANTA.

Ah! nous avons les mêmes ancêtres. Voilà sans doute la cause de mon inclination pour lui.

LA FEMME.

Sa mère se nomme Sacountalà; et quant à son père, il est trop cruel pour être nommé par moi.

DOUCHMANTA, *à part.*

Grands dieux! l'aurais-je retrouvée? Mais ce nom peut être commun à plusieurs femmes. O ciel, ô ciel, ou ne me donne pas d'espérances, ou daigne les remplir. Mais cet enfant me regarde, il m'aime; il est mon fils. (*Haut.*) Je suis Douchmanta, conduisez-moi vers Sacountalà. Mais, la voici, la voici. Est-ce donc bien elle? voudra-t-elle me reconnaître à son tour?

SACOUNTALA, *à qui la jeune femme vient de parler à l'oreille.*

C'est lui, mais c'est lui, repentant et plein

d'amour. Je n'attends qu'un mot de sa bouche.

DOUCHMANTA.

Chère Sacountalà, j'ai été bien cruel envers toi, mais je souffre tant que tu me pardonneras.

SACOUNTALA.

Mon cœur reprend confiance. Oui, c'est bien là le fils de mon seigneur. Ma joie surpasse les maux que j'ai soufferts.

MATALI.

Douchmanta, je veux te présenter ainsi au roi et à la reine de ces lieux. Ils désirent te voir.

(*La scène change, et l'on aperçoit Casyapa sur un trône avec Aditi à ses côtés.*)

DOUCHMANTA.

Le sentiment de ma faute me fait baisser la vue.

CASYAPA.

Noble Douchmanta, tu as été éprouvé. Ainsi le voulait le destin, le destin qui te protégera, qui te rendra puissant et fameux, surtout dans la personne de ton fils. Ne sois pas si confus.

DOUCHMANTA.

Toute ma conduite m'étonne encore. Je renvoyai cruellement Sacountalà, quand elle me fut amenée par ses parens; je ne lui donnai pas la moindre marque d'intérêt. Puis, quand cet anneau me tomba dans les mains, je me rappelai toutes les circonstances de mon mariage, et mon cœur fut pénétré de douleur. N'en ai-je pas agi aussi follement qu'un homme qui, après s'être refusé obstinément à reconnaître un éléphant, tant que la masse bien distincte de cet animal lui frappait la vue, ne se serait ensuite laissé convaincre qu'à l'inspection de la trace de ses pas?

CASYAPA.

Cesse de t'accuser. Sache que, au moment où Abenaca, descendue près de l'étang des nymphes, en ramena avec elle Sacountalâ, désespérée de ton abandon, et la confia aux soins de mon épouse Aditi, je reconnus, par la puissance de la méditation, que ta conduite envers elle était soumise à l'imprécation de Dourvasas, et que le charme ne cesserait que par la vue de ton anneau. Mais il faut que Canoua sache tout ceci. Je vais envoyer un Brahmatchari à son hermitage. Pour toi, Douchmanta, monte avec ton épouse et ton fils dans le char qui t'a amené, et va occuper le siége de ton empire. Et que les dieux te comblent de gloire et de bonheur. (*Tous sortent.*)

FIN DU SEPTIÈME ET DERNIER ACTE.

LE PERSAN.

Cette admirable composition du poète indien Calidàsa avait mérité toute l'admiration de l'auditoire. On ne pouvait assez louer cette action si bien conduite, ces peintures si vraies, ces sentimens si naturels. C'était dans tout l'auditoire un concert de louanges sans fin et sans cesse, et la poésie indienne était proclamée tout d'une voix la première poésie de l'univers, quand tout à coup un grand jeune homme à l'air modeste, au regard plein de feu, s'avançant dans l'assemblée et, prenant la parole, s'exprima en ces termes.

— Oui, dit-il, ce drame du grand poète Calidàsa est admirable; il remplit les conditions de toute action dramatique : on y rit et on y pleure. Calidàsa a merveilleusement dessiné vos montagnes et vos villes et vos grands fleuves et vos saints hermitages; oui, c'est un grand poète, mais, cependant, faut-il ne pas reconnaître les poètes des autres nations ? Comment voulez-vous que j'entende dire : *il n'y a de poètes que dans l'Inde*, moi enfant de la Perse, ce grand royaume si rempli de grandes villes et de grands noms guerriers et poétiques ? Permettez donc, seigneur, que je vous parle du sage Ferdoussy et de l'aimable Saady, notre orgueil poétique, et d'Envery l'élégique. Notre terre de Perse a été long-temps poétique. Les poètes accompagnaient les guerriers, et souvent les traits qu'on se jetait d'une armée à l'autre, portèrent des poèmes à leur pointe, au lieu de fer empoisonné. Ferdoussy, comme la plupart des grands poètes, est né dans une cabane ; il a commencé par être un pauvre laboureur, et il n'eût pas quitté sa charrue, s'il eût trouvé l'agriculture plus honorée. Il résolut de porter ses plaintes au pied du trône et quitta donc sa cabane, et il prit le chemin de Ghaznein ; là résidait l'heureux sultan Mahmoud, ce fils d'un esclave devenu souverain de toute la Perse et chef d'une illustre dynastie.

En arrivant à Ghaznein, le jeune voyageur traversa les jardins de la ville; il y trouva trois personnes assises qui paraissaient très-occupées de leur conversation, c'étaient des poètes pensionnés par le sultan. Il les prit pour des courtisans et résolut de les aborder pour apprendre quelques nouvelles : ceux-ci, fâchés de voir qu'un importun venait les déranger, convinrent de s'en débarrasser.

Nous lui dirons que nous sommes poètes du sultan, et que nous ne faisons société qu'avec des poètes. Alors nous lui réciterons trois vers d'un quatrain : pour se lier avec nous, il faudra qu'il remplisse le quatrième; si cela lui est impossible, nous serons tout excusés.

Quand l'étranger les salua et s'approcha d'eux, ils le reçurent comme ils en étaient convenus; mais celui-ci, sans s'étonner des conditions qu'on lui proposait : « Pourrait-on entendre les vers dont vous me parlez? »

Aussitôt l'un des poètes, nommé Ansery, commença ainsi :

« Tes joues sont plus brillantes que la lune. »

Asjedy continua :

« Je n'ai pas vu de roses plus vermeilles que tes lèvres. »

Le troisième, nommé Ferrahy, ajouta :

« Les cils de tes yeux percent la cuirasse des cœurs. »

« Comme la lance de Kiou dans son combat avec Pechen ; »

ajouta aussitôt Ferdoussy.

Ceux-ci, étonnés d'une réponse aussi prompte que précise, lui demandèrent l'histoire de Schirin et de Chosrou.

Vous savez cette histoire, seigneurs : c'est une des plus belles histoires de Ferdoussy.

« Chosrou était un jour à la chasse, quand il vit la belle Schirin. La voir et l'aimer, ce fut l'affaire d'un regard, et ainsi pour Schirin. Le lendemain le prince s'en va à la guerre, et après bien des villes soumises, bien des victoires remportées, Chosrou, de retour dans ses états, commande une partie de chasse pour le lendemain. Voici le détail de cette partie de chasse : trois cents chevaux de main harnachés tout en or, deux cents domestiques armés d'une lance, mille quarante jeunes soldats le sabre au côté et recouverts de leur cuirasse, sept cents fauconniers, trois cents cavaliers qui mènent des panthères, soixante-dix tigres et autant de lions enchaînés et cachés sous des couvertures de la Chine, tous armés pour la chasse et muselés avec des chaînes d'or; sept cents chiens aux pieds de biche, plus de mille musiciens montés sur des mulets et couronnés de feuilles d'or, voici comment se présentait cette chasse. Viennent ensuite cinq cents chameaux chargés de la tente royale, portant les drapeaux, les tentures, les ameublemens de toute espèce; deux cents esclaves, brûlant l'aloès et l'ambre dans des cassolettes allumées, et deux cents autres esclaves, portant le safran et les narcisses, précédaient le cortége pour embaumer l'air. Autour du monarque s'était formée une garde d'honneur de trois cents jeunes gens, semblables à des rois, habillés d'étoffes rouges, jaunes et violettes. Voilà comment le roi Chosrou s'en fut à la chasse : sa tête était chargée d'un diadème de diamans; son collier, ses bracelets, sa ceinture, toute sa parure étaient d'or et garnis de perles; le roi cherchait dans le ciel l'astre qui le devait guider au palais de la belle Schirin!

« Eh bien, ce roi tout-puissant, ce Chosrou-Parvis, qui avait à lui douze cents femmes, douze cents éléphans et cinquante mille chevaux, il mourut misérablement: il fut tué par son fils, parce qu'il avait déchiré une lettre de Mahomet. »

Elle est belle et savante, la poésie de Ferdoussy, notre poète, et c'est avec raison qu'il termina son poème par ces deux vers:

« Je ne puis plus mourir; j'ai répandu sur la terre, qui féconde mille choses, la semence de mes discours! »

Le jeune Persan, voyant qu'on l'écoutait avec faveur, continua en ces termes:

L'histoire du grand poète Saady n'est pas moins étonnante que celle de Ferdoussy, le poète. De même que Ferdoussy était laboureur et pauvre, Saady fut soldat et prisonnier; c'était du temps que les Francs étaient en Palestine pour conquérir le tombeau de leur Dieu.

Il arriva qu'un jour, sous les murs de Tripoli, les Francs firent prisonnier un jeune homme qui revenait alors de Bagdad, où il avait fait ses études; ce jeune homme, c'était Saady lui-même; il fut condamné comme esclave aux travaux des murs de Tripoli. Heureusement Saady fut racheté par un marchand d'Alep, et il revint à ses voyages et à ses études, « parcourant, comme il le dit lui-même, chaque coin de terre et ramassant un épi à chaque gerbe. »

Saady a laissé un livre de philosophie, moitié vers et moitié prose, qui est en même temps un poème et un livre d'histoire : toutes choses y sont mêlées avec beaucoup de grâces, beaucoup de bonheur et de profit pour l'instruction.

« Quarante ans de ta vie précieuse se sont écoulés, dit l'auteur, et ton naturel est encore celui que tu avais dans l'enfance; tu n'as rien fait que la vanité où la passion ne t'y ait porté; tu n'as pas embelli un seul de tes instans par des occupations sérieuses. Mon ami, ne place point ta confiance en cette vie qui passe, et ne te crois pas à l'abri des jeux de la fortune.

« La générosité est le capital de la joie et la récolte de la vie. Rafraîchis par elle le cœur de l'homme; sois prince dans la région de l'affabilité et de la largesse. La libéralité est l'occupation des sages et la profession des élus; elle est le remède à tous les maux.

« Le devoir de l'homme est de profiter surtout des avis qu'il reçoit; il peut en rencontrer jusque sur les murailles.

« Contemple la suite des crimes qui sont sortis de la main des méchans! Le monde reste, le méchant et ses crimes ont disparu!

« Peut-être as-tu vu quelquefois, dans les vergers et au pied des collines, briller durant la nuit un petit ver avec tout l'éclat d'une lampe. Quelqu'un lui dit : Petit ver, flambeau de la nuit, pourquoi ne viens-tu pas aussi te montrer durant le jour? Écoutez la réponse lumineuse de cet insecte né de la terre, et qui participe de la nature du feu. Le jour comme la nuit, je n'ai point d'autre demeure que ces champs; mais en présence du soleil je ne saurais être aperçu. »

Mais rien n'est aimable comme notre poète, quand il chante ses vers. En même temps le jeune Persan chantait de Saady les vers suivans :

« Déjà une longue suite d'années aura passé sur ma froide dépouille, et cette source limpide murmurera encore avec la même douceur ; ce zéphyr caressant répandra comme aujourd'hui le plus doux parfum dans les airs.

« Homme vain, dont la frêle existence est si fugitive ; pourquoi donc étales-tu tant d'orgueil ? Songe que tu ne peux faire un pas sans fouler la poussière de ceux qui t'ont précédé !

« Garde-toi, mon frère, de te réjouir, lorsque tu passes sur la tombe de ton ennemi. Jette plutôt un regard pensif et silencieux sur la tombe qui s'entr'ouvre déjà pour te recevoir.

« Et toi, dont l'œil pétulant fait naître aujourd'hui, dans tous les cœurs, le trouble et le désir ; bientôt, hélas ! ce corps charmant ne sera plus qu'une cendre légère ; et semblables au vase qui contient le collyre dont tu te plais à animer tes yeux, tes os desséchés pourront recueillir ta cendre en entier dans leur sein.

« Insensé, tu te pavanes aujourd'hui avec complaisance, sous les plis orgueilleux de ta robe ondoyante, et tu ne songes pas que demain, dépouillé de tout ce vain attirail de grandeur, le vent dispersera au loin ta poussière impuissante.

« Le monde est un ami perfide, un compagnon infidèle ; évite avec soin ses caresses trompeuses, et si tu ne peux le corriger, au moins ne l'imite pas dans ses penchans corrompus.

« Tu vois quel sera le sort de ta dépouille mortelle ; la terre doit te recevoir dans son sein dévorant ; mais la partie la plus noble de toi-même, cette ame immortelle, songe, avec inquiétude, quel doit être son partage ?

« Quelque belles que paraissent tes actions, ô Saady, ne t'en repose pas sur l'approbation des hommes : que tes actions soient agréables à la divinité, voilà leur seul mérite ; clémence du ciel, voilà ton espoir.

« Oui, souverain maître de la nature, ne juge pas avec sévérité le dernier de tes esclaves. Son cœur, il est vrai, est souillé par le crime, mais la douce espérance lui sourit encore, en pensant à l'excès de ta générosité. »

Toute l'assemblée applaudit beaucoup le jeune Persan et les vers du poète Saady. Cet incident, dans la soirée, rendit la causerie plus aimable et plus familière. Chaque groupe choisit le sujet de conversation qui lui convenait le plus. Chacun exaltait son poète ou son poème. Heureux les ouvrages sur lesquels tout le monde est d'accord! Heureux les livres qui se trouvent à la portée de toutes les intelligences! Aussi quand on vint à parler des *mille et une nuits*, ce chef-d'œuvre de l'imagination orientale, tout le monde tomba d'accord.

Et en effet, quel livre fut jamais plus populaire que ce livre, quelle poésie fut jamais plus amusante, plus vraie, plus resplendissante de mille couleurs? C'est une merveilleuse histoire du maître et des sujets, où chacun joue son rôle : le maître et les esclaves, le roi et le peuple; c'est un langage simple, un récit naïf, une suite d'aventures merveilleuses qui ne font rien perdre au fonds principal de la vérité et même de la vraisemblance. Dans ces contes le poète n'en veut qu'à l'imagination de son auditoire, et non pas à son esprit. Que l'auditoire pleure ou qu'il rie, peu importe au poète, pourvu que l'auditoire écoute. Il cherche des hommes qu'il rend attentifs, voilà toute son envie; dès qu'on l'écoute en silence, l'oreille tendue, le regard fixe, la bouche entr'ouverte, tout est dit, il a bien gagné la journée. Aussi quel plaisir nous ont fait ces contes! que de jeunes imaginations ils ont réveillées de l'Orient à l'Occident! dans quel beau monde de féerie ils nous transportent! palais magnifiques! riches jardins! oiseaux qui parlent! génies! bosquets enchantés! nuits transparentes! belles esclaves! et puis des détails tout domestiques. Des servantes dévouées, des maîtres avares, des marchands rapaces, des sultans qui se promènent la nuit en compagnie de leur premier visir, cherchant un heureux à faire, une injustice à réparer, veillant sur leur peuple qui dort. Quelle belle vie et quel monde opulent, et quel mouvement universel! On y voit des joailliers et des marchands aussi riches que des rois; les derviches circulent dans les rues, les femmes courent de boutique en boutique, voilées ou non voilées; on entend le cri du porteur d'eau à côté de la chanson de l'amoureux, et puis tout d'un coup, de ces scènes de la vie privée, vous passez à des scènes d'enchantement, d'opulence plus que royales. Ce ne sont que colonnes d'or et de pierreries, riches turbans, armures brillantes; puis tout à coup arrive l'histoire du marchand d'huiles, des outres remplies par les voleurs, et ce mot si dramatique : *Sezame ouvre toi!* C'est un monde ouvert à toutes les passions, à toutes les aventures, à tous les hommes. Chacun y joue son rôle, le Juif, le Chrétien, le Mahométan, l'Indien, le Persan, l'Arabe, le Chinois. Oh! quel livre; et comme tous les hommes y ont un nom même pour nous! et comme nous avons vu dans nos songes toutes ces femmes jeunes et belles, vêtues de gaze et d'or! et comme tout ce despotisme humain des villes de l'Orient jette un grand calme sur toutes ces histoires! Oui, certes, si nous nous doutons quelque peu, nous autres peuples du Nord, des belles fables et de la riche poésie et des mœurs et de l'égalité despotique des peuples orientaux, si nous avons en nous-mêmes non pas une connaissance de l'Orient, mais, ce qui vaut mieux, si nous en avons un souvenir; si en effet nous savons mieux ce qu'est un Mahométan que nous ne savons en effet ce que c'est qu'un Grec ou un Romain, par exemple, c'est que tout jeunes enfans, et après l'enfance c'est que tout jeunes hommes, et après la jeunesse c'est que hommes faits, et après l'âge mûr c'est que vieillards entourés de petits-enfans, à notre tour, nous avons entendu lire, nous avons lu nous-mêmes, puis nous avons relu, puis, enfin, nous nous sommes fait lire les contes *des mille et une nuits!*

Telle fut cette soirée. Les femmes elles-mêmes prirent part à tous ces combats de critique, et leurs souvenirs les servit à merveille; même il y en eut une qui se hasarda à réciter une chanson d'Hafiz, d'Hafiz le poète, venu au monde sous Tamerlan, au milieu de tant d'armées égorgées, de tant de villes détruites, de tant de ravages et de tant de ruines. Un poète sous cette loi du bâton et du sabre! un poète au milieu de ces ruines sanglantes! Tant était puissant et intrépide l'instinct poétique de l'Orient!

Hafiz est né à Schiraz et il y est mort. C'est tout-à-fait un poète persan pour la richesse des images, la mollesse du langage, son amour pour les repas, pour les frais breuvages et le calme sommeil sous les arbres du jardin. Il y a telle ode d'Hafiz qu'on prendrait pour une ode d'Anacréon ou d'Horace, tant ces idées de repos, de calme, de fraîcheur et de jardins se retrouvent à toutes les époques et dans toutes les poésies des pays chauds.

« O doux zéphir, s'écrie Hafiz, tu portes les parfums qu'exhale celle que j'aime, tu leur dois ton odeur de musc; prends garde, ô doux zéphir, ne lui dérobe rien; mais que pourrais-tu enlever à ses tresses flottantes? O rose, toi-même, que serais-tu, pour être comparée à son charmant visage? Elle est pleine de douceur, et tu es hérissée d'épines : ô narcisse, qui es-tu, en comparaison de son œil languissant? Son œil est languissant, et ton regard expire. O pin, en te comparant à sa svelte stature, quel honneur t'est réservé dans le jardin où tu t'élèves! O sagesse, que choisirais-tu, si le choix t'était réservé par préférence à son amour! O lis gracieux, qui serais-tu, pour être comparé avec ses joues si fraîches? un doux incarnat les anime, et tu n'as que de la blancheur. Viens, ô ma bien-aimée, bénis Hafiz par ta présence, et donne-lui du moins un seul jour. »

Voici encore des vers charmans, pleins d'élégance et pleins de grâce, écrits sous le règne de Timour.

« Va, mon amie, dans la prairie, elle polira la rouille de ton chagrin. Tu y verras le zéphir amoureux s'embarrasser à dessein dans ta robe traînante, et tomber pour mieux caresser la verdure, tandis que la fleur, dans son calice, rit tout bas de ton amour. »

Mais qui peut comprendre quelque chose à cet adorable caprice qu'on appelle la poésie?

Le Rajah, voyant que ses deux fils prêtaient une oreille attentive à ces savans entretiens, ne pouvait plus contenir sa joie. Il bénissait le hasard qui avait réuni ainsi sur son chemin les plus beaux exemples de sagesse et de poésie; mais que devint-il, quand il vit un vénérable Musulman à barbe vénérable, monter d'un pas ferme sur le même théâtre où tout à l'heure avaient paru Sacountalâ et ses compagnes. A la vue du vieux sectateur de Mahomet, toute l'assemblée fit silence. Alors le vieillard prit la parole pour lire à tous ce beau testament du poète Nabi-Efendi. Dans ces belles pages, le sage Nabi-Efendi a recueilli toute la morale de la religion de Mahomet. Toute l'assemblée écouta ces paroles avec recueillement et respect, persuadée que la poésie est toujours la poésie, quel que soit le nom du poète ; que la morale est toujours la morale, quel que soit le nom du docteur.

Le Rajah, au nom vénéré de Nabi-Efendi, fit signe à ses deux fils d'être plus que jamais attentifs.

CONSEILS DE NABI-EFENDI A SON FILS.

Sur la religion.

La première chose à laquelle l'homme doit songer, mon fils, est la religion ; elle doit marcher devant le soin de sa fortune : il ne suffit pas d'être instruit des grandes vérités qu'elle renferme, il faut encore les pratiquer. De notre soumission à ces devoirs, et de notre exactitude à les remplir dépend tout notre bonheur.

Sur la prière.[1]

L'heure de la prière venue, préparez-vous-y par les ablutions que prescrit la loi ; mais la pureté du corps ne suffit pas, elle n'est que le symbole de celle de l'ame : ne regardez point la prière comme un exercice pénible, envisagez-la plutôt comme la plus auguste fonction que puisse remplir un mortel. Elle rapproche en effet la créature du Créateur, et établit, pour ainsi dire, une espèce de commerce entre Dieu et l'homme : soyez recueilli durant ces momens précieux, et anéantissez-vous devant l'Être suprême.

Sur le jeûne.

Observez, mon fils, le jeûne du Ramazan ; il n'y a que les maladies qui puissent légitimement en dispenser. Quel est le musulman pénétré de la vérité de sa religion, et jouissant de la santé, qui ose le rompre ? Il est la source de mille bienfaits, dont Dieu récompense notre fidélité à ses ordres : les passions les plus violentes sont domptées par le jeûne, et n'ont plus d'accès dans notre cœur ; il nous fait presque participer à la nature des Anges.

---

[1] Les Musulmans prient Dieu cinq fois par jour.

Sur la dîme des biens et sur l'aumône.

Le Zékath [1] ou la dîme de vos biens, mon fils, est de précepte divin; c'est le patrimoine des pauvres, et la leur refuser, c'est retenir le bien d'autrui. Les riches ne sont, pour ainsi dire, que les trésoriers de ceux qui sont dans l'indigence. Vos biens, loin de diminuer par vos largesses, ne feront qu'augmenter. Ceux de l'homme dur et avare, au contraire, se dissiperont comme une fumée légère qu'emporte le vent, et il sera tout étonné de se trouver les mains vides. Dieu, qui vous a fait naître dans le sein de l'opulence, pouvait vous placer dans celui de la pauvreté : ayez donc de la douceur et de l'humanité pour ceux qui sont dans le besoin ; que jamais aucune

---

[1] Zékath : les Musulmans appellent ainsi la portion de leurs biens qu'ils doivent distribuer aux pauvres, selon leur loi. On lui donne ordinairement le nom de dîme; mais c'est abusivement, tant parce que cette portion n'est pas pour les imans ou prêtres, qu'à cause que souvent elle va jusqu'au cinquième, suivant la nature des biens que l'on possède, et que les bons Musulmans se dépouillent souvent d'un quart ou de la moitié de leurs biens, pour satisfaire à cette obligation. Il y en a même plusieurs, comme Hasan, fils d'Ali, neveu de Mahomet, et autres, qui se sont dépouillés de tous leurs biens, en une seule fois, en faveur des pauvres.

parole désagréable ne vous échappe en leur parlant. Ouvrez votre porte aux derviches et aux pauvres ; cette action est plus agréable à Dieu, que de bâtir des mosquées, que de jeûner continuellement, ou de faire plusieurs fois le pélerinage de la Mecque.

Il ne suffit pas de donner, mon fils ; il faut choisir l'objet de vos dons : Que la veuve et l'orphelin tiennent le premier rang ; essuyez les larmes que fait couler la mort d'un mari ou d'un père ; ou plutôt qu'ils le retrouvent en vous. Que ceux qui sont accablés d'infirmités touchent votre cœur ; adoucissez par vos soins généreux leur triste situation. Qu'il est doux de porter sur nos pas la sérénité et l'abondance ! n'est-ce pas imiter en quelque façon le Tout-puissant ?

Prenez garde, mon fils, qu'une vaine ostentation n'empoisonne vos dons : si vous les publiez, ils ont perdu tout leur mérite ; Dieu seul doit en avoir la connaissance. Adoucissez par la manière de donner, la honte toujours attachée à recevoir. Combien de gens préfèrent la mort à l'humiliante posture de suppliant ? d'autres, nés dans les grandeurs, et devenus le jouet de la fortune, dévorent en secret leurs misères, et périssent en cachant leurs maux. Faites vos efforts pour les découvrir, et tarissez la source de leurs larmes. N'oubliez point cette parole d'un ancien : « En

« faisant du bien aux autres, vous vous en faites
« à vous-même. » Ne vaut-il pas mieux disposer
ainsi de ses richesses, que de les dissiper dans le
luxe et dans la mollesse, ou bien dans des repas
somptueux avec de vils adulateurs qui vous louent
en votre présence, et qui vous déchirent quand
vous êtes disparu ?

Sur l'étude des sciences.

Consacrez, mon fils, l'aurore de votre raison
à l'étude des sciences ; elles sont d'une ressource
infinie dans le cours de la vie ; elles forment
le cœur, polissent l'esprit et instruisent l'homme
de ses devoirs. C'est par elles que l'on parvient
aux honneurs et aux dignités ; elles nous délassent et nous amusent dans la prospérité, et deviennent notre consolation dans l'adversité. Je
ne finirais point, si je voulais entrer dans le
détail de tous les avantages qu'elles renferment ;
mais en vain, sans une application continuelle,
vous voudrez acquérir les sciences ; elles sont
filles du travail, et ce n'est que par son moyen
que vous pourrez obtenir leur possession.

Tâchez de vous orner l'esprit de toutes sortes
de connaissances ; il se présente dans le cours
de la vie une infinité d'occasions où elles deviennent nécessaires. Quelle immense distance
n'y a-t-il point du savant à l'ignorant ? La lu-

mière la plus éclatante comparée avec les ténèbres les plus épaisses, la vie avec la mort, et l'existence avec le néant, expriment faiblement l'intervalle qui sépare l'homme instruit de celui qui ne l'est pas. L'ignorance est la source empoisonnée d'où découlent tous les maux qui affligent cet univers, l'aveugle superstition, l'irréligion, la barbarie destructrice des arts, marchent à ses côtés ; elle est suivie de la honte, du mépris et de la bassesse.

La langue arabe, cette langue si riche et en même temps si ancienne, qu'elle paraît avoir commencé avec le monde ; cette langue que parlait Abraham et son fils Ismaël, et qui, depuis ces patriarches jusqu'à nous, s'est conservée dans toute sa pureté, doit être le premier objet de vos études : mais il ne faut pas consacrer tout le temps de votre jeunesse à l'apprendre. Les langues ne sont, pour ainsi dire, que les avenues qui conduisent au temple où résident les sciences.

Méditez, mon fils, les lois divines et humaines ; elles sont toutes renfermées dans l'Alcoran : ces connaissances une fois acquises, appliquez-vous à la logique et à la physique. Nourrissez-vous surtout de la lecture des meilleurs auteurs. Un oiseau sans ailes, ose-t-il s'élever dans la région de l'air ? Le coquillage précieux qui renferme la perle, ne se trouve point sur la surface de l'eau ; c'est au fond de la mer, et à travers mille dangers, qu'il faut aller le pêcher.

Qu'il ne faut point désirer les richesses avec trop d'ardeur.

Le faux éclat des richesses, mon fils, éblouit les yeux des hommes faibles et intéressés ; qu'il n'éblouisse point les vôtres : ces hommes soupirent sans cesse après des biens qu'ils n'ont pas, et leur cœur insatiable est en proie à mille désirs inutiles. Que leurs malheurs vous instruisent et vous les fassent éviter. N'ouvrez jamais la bouche pour demander ; le personnage de suppliant dégrade l'homme d'honneur. Pourquoi vous adresser à un faible mortel comme vous dans vos besoins ? que peut-il, et que possède-t-il, pour vous en faire part ? Dieu a départi à chacun les richesses selon sa divine volonté, et personne n'a pu s'emparer de la portion qui vous a été destinée.

La tranquillité et le bonheur de la vie consistent à être satisfait de son état ; Dieu qui vous y a placé, n'ignore pas vos besoins. Mettez votre confiance dans sa divine Providence, et il les préviendra. Pourquoi l'homme est-il si passionné pour l'or et l'argent ? ces vils métaux ne peuvent apaiser ni la faim, ni la soif ; ils ne peuvent pas même remplacer les alimens les plus simples. En vain le laboureur espérerait-il recueillir une moisson utile dans le champ où il aurait semé l'or et l'argent : ces deux métaux ne sont point les véritables richesses, ils n'en sont tout au plus que les signes.

Évitez de jamais rien recevoir de quelqu'un. L'on peut cependant accepter un présent d'un ami intime ; mais il faut faire naître adroitement l'occasion pour avoir sa revanche avec lui. Soyez retenu et circonspect dans vos promesses ; mais quand vous avez donné votre parole, tenez-la religieusement : les promesses sont des dettes pour un homme d'honneur, qu'il doit acquitter fidèlement.

Sur la raillerie.

Évitez, mon fils, la raillerie ; elle blesse souvent celui qui en est l'objet. Un railleur de profession est le fléau de la société, et tout le monde le redoute et le fuit. Ne sacrifiez personne à la fureur de dire un bon-mot : semblable à une flèche aiguë, il perce le cœur de celui contre lequel il est lancé. Ce n'est pas, qu'en rigide censeur, je veuille bannir une plaisanterie innocente, un badinage léger. Une raillerie fine et délicate est l'âme de la conversation et en fait tout le sel ; mais combien peu de gens la savent manier, et qu'il est difficile de ne la point pousser trop loin !

Interdisez-vous absolument toute sorte de médisance. Il y a de la bassesse et de la lâcheté à attaquer celui qui ne peut pas se défendre, parce qu'il est absent : un médisant est abhorré de tout le monde ; ses meilleurs amis l'évitent, et personne ne croit être à l'abri des traits de sa langue envenimée.

Sur l'orgueil, la haine et les procès.

Tous les hommes sont égaux, mon fils : la vertu seule, et non pas la fortune, devrait mettre de la différence entre eux. Ne faites donc sentir à personne la supériorité de votre rang. Soyez accessible et affable à tout le monde : la véritable grandeur est humaine. N'ayez pas un front dédaigneux, n'ayez pas un œil où semblent résider l'orgueil et le mépris des autres. Que votre visage, loin d'inspirer la terreur, porte partout la sérénité et annonce la bonté de votre ame. N'usez point de termes durs envers ceux qui dépendent de vous, et n'exigez pas d'eux des services au-dessus de leurs forces. Ne conservez pas de la haine ou de l'inimitié contre votre prochain, c'est renoncer à sa propre tranquillité, et se préparer bien des chagrins, que de se livrer au ressentiment. La vengeance la plus noble que l'on puisse tirer d'une injure, c'est de ne pas s'en venger. Évitez surtout la colère et les désordres qu'elle entraîne après elle. Entrez dans les peines de vos amis, et tâchez de les adoucir par vos soins généreux : prodigue quand il faut les obliger, devenez de la dernière réserve quand vous aurez besoin d'eux, et tâchez de ne leur devenir jamais à charge; c'est l'unique moyen de conserver l'amitié.

Évitez, s'il est possible, de vous mêler des affaires des autres ; et ne vous chargez ni de la tutelle, ni de la procuration de personne. Fuyez les procès, et ne faites point retentir de vos cris le temple de la justice. Celui qui aime les procès est le plus malheureux de tous les hommes; il coule ses jours dans les querelles, et les termine dans la pauvreté. Ne vous présentez pas devant la porte du sultan, pour porter des plaintes contre celui qui vous a offensé : remettez votre vengeance à Dieu ; il vous protégera, et confondra vos ennemis. Que vos mains ne soient ouvertes que pour faire le bien, et que vos pieds soient immobiles pour marcher dans la voie du crime.

DIVERS CONSEILS.

Songez, mon fils, au plus tendre des pères ; son bonheur ou son malheur dépendent de votre attachement à la vertu ou au crime. Soyez doux et affable avec les autres, la douceur nous concilie tous les esprits. Un air fier et dédaigneux rebute tout le monde; tandis qu'un visage sur lequel sont peintes la douceur et la bonté, attire tous les cœurs. Laissez l'orgueil aux habitans des enfers ; ils n'y ont été précipités que pour s'être livrés à cette funeste passion.

Fuyez la compagnie des gens altiers et hautains, ou si le hasard vous rassemble avec eux, sans que vous puissiez l'éviter, confondez leur vanité par votre modestie. Ne suivez point la maxime ordinaire du siècle, qui ordonne de rendre fierté pour fierté. L'orgueil est une maladie cruelle, qui fait enfin périr celui qui en est attaqué.

Ne soyez pas avide des honneurs et des dignités ; elles vous rendraient malheureux dans ce monde, et attireraient peut-être sur vous la colère de Dieu dans l'autre. Je veux pour un instant que la roue de la fortune, constante pour vous seul, vous élève au plus haut degré; devez-vous pour cela vous imaginer être d'une nature plus parfaite que le reste des hommes, et verser sur eux le mépris à pleines mains ? prenez donc garde, mon fils, que les hommes ne fascinent vos yeux. Si élevé que vous soyez, n'affectez pas un air de grandeur ; ne souffrez pas que l'on baise votre main [1], ou le pan de votre

---

[1] Les Petits dans l'Orient baisent la main ou le bas de la robe des Grands quand ils les abordent.

robe. Saluez tout le monde avec bonté, et n'exigez pas que l'on se lève quand vous marchez par les rues : moins vous exigerez de respect des hommes, et plus ils seront empressés à vous en rendre.

La dissimulation, quand elle n'est pas poussée à l'excès, est quelquefois permise dans le cours de la vie, surtout avec les méchans. L'on n'est pas obligé de dévoiler son ame à leurs yeux pervers : trop de sincérité, en traitant avec eux, altérerait notre tranquillité et troublerait notre repos.

N'allez pas en vil parasite vous présenter à toutes les tables, et ne faites point gémir sous les coups redoublés du marteau les portes des grands. Le temps, semblable à un fleuve rapide, s'écoule avec impétuosité sans jamais revenir, et va s'abimer dans le gouffre des siècles. Quel aveuglement ou plutôt quelle fureur de le perdre à faire notre cour à des hommes qui reçoivent nos hommages d'un air dédaigneux ?

Le meilleur moyen de conserver un secret, serait de ne le révéler à personne, il y a cependant des circonstances où l'on est bien-aise de le verser dans le sein d'un ami ; mais il faut l'avoir bien éprouvé auparavant et être bien sûr de sa discrétion. Fuyez ceux qui n'aiment que le plaisir et la dissipation, et qui ont un esprit léger et inconstant.

La trop grande crédulité, et l'extrême défiance sont deux défauts opposés qu'il faut éviter. L'on ne doit ni croire aveuglément tout ce que l'on dit, ni douter de tout ce que l'on entend. Le flambeau du discernement doit nous éclairer, et nous montrer où est la vérité. Fermez l'oreille aux louanges; la plupart ne sont dictées que par une basse flatterie ou un vil intérêt. Quant aux louanges des méchans, il ne faut jamais les écouter; ils ne vous encensent que pour ternir votre vertu et vous attirer dans le crime.

Ne vous présentez jamais nulle part, sans y avoir été invité; surtout n'allez que dans les maisons où règne l'honneur. Que les assemblées où vous vous trouvez, soient l'école de la vertu, et non pas celle du vice.

Il y a un juste milieu entre le silence et la trop grande abondance de paroles. On fuit l'homme taciturne; et un grand parleur est regardé comme le tyran de la conversation. La nature qui ne nous a donné qu'un seul organe pour la parole, nous en a donné deux pour l'ouïe, afin de nous apprendre qu'il faut plus écouter que parler. Soyez concis dans vos narrations : le véritable moyen de plaire est de dire beaucoup en peu de mots, et d'instruire en amusant.

Parlez à tout le monde avec une douceur mêlée de noblesse et de dignité; surtout ne répondez jamais avec aigreur. Reprocher aux autres leurs défauts, c'est s'ériger en censeur de la société. Les hommes ne nous pardonnent jamais de les avoir humiliés. Ne faites point trop sentir dans la conversation la supériorité de votre génie; c'est un grand art de mettre les autres à même de faire briller leur esprit. Leur amour-propre en est flatté, et ils sont contens de nous, quand ils le sont d'eux-mêmes. Ayez de l'indulgence pour ceux qui sont moins éclairés que vous. Dieu n'a pas départi à tous les hommes le même degré de lumière.

Sur la fourberie.

Ne vous abandonnez point, mon fils, à la fourberie et à ses détours obscurs; elle est le partage des ames lâches et basses. Il vaudrait encore mieux donner dans l'autre extrémité, et passer pour un homme simple. La fourberie est un vice méprisable, et précipite dans le malheur celui qui s'y livre. Elle nous est inspirée par le démon, qui nous égare pour nous faire partager ses malheurs.

Le mensonge réside sur les lèvres du fourbe, et sa bouche n'est ouverte que pour tromper. Il sème partout la division, et il allume le feu de la discorde; mais il en est bientôt puni lui-même. Devenu l'objet de la haine et du mépris public, aucune de ses entreprises n'est couronnée par le succès ; et comme il est l'ennemi de tout le monde, chacun s'empresse à traverser ses desseins : ses jours sont empoisonnés par les peines; il meurt enfin déshonoré. Vous n'ignorez point le proverbe qui dit: « Que tôt ou tard le fourbe « est pris dans les filets qu'il tend aux autres. »

La fourberie, le mensonge et la calomnie, sont trois monstres échappés des enfers pour ravager la terre. Un véritable musulman doit les combattre et les vaincre. Le bien, la vie, l'honneur du prochain, sont des dépôts sacrés qui nous ont été confiés par le Tout-puissant. Oser y toucher, est un sacrilége horrible.

Sur le vin et sur l'opium.

Le vin, mon fils, était un présent que la nature avait fait aux mortels, pour réparer leurs forces épuisées par le travail et adoucir leurs maux. Mais ils ont abusé de ce don précieux ; l'usage immodéré qu'ils en ont fait, a obligé notre prophète de proscrire cette liqueur. Soumettez-vous sans murmurer à la loi[1] qu'il a portée.

---

1 Il y a dans l'Alcoran deux passages touchant l'interdiction du vin. Osman, l'un des successeurs de Mahomet, l'ayant interrogé sur le vin et sur les jeux de hasard, Mahomet lui répondit par ce verset de l'Alcoran:

Le vin dégrade celui qui en boit avec excès de l'humanité même, et lui fait perdre la raison, qui devrait être son guide ; il ruine la réputation, et nous ferme pour toujours l'entrée des honneurs et des dignités.

Mais si le vin produit des effets si pernicieux, ceux de l'opium[1] sont mille fois plus funestes.

« Il y a dans ces choses-là de grands dangers et de grands avantages pour les hommes. »

Les Musulmans de ce temps-là, ayant appris cette réponse, laissèrent à part la considération du danger, et s'arrêtant aux avantages que les hommes tiraient du vin, continuèrent à en boire. Mais Osman, ayant vu quelques mois après ce qui s'était passé dans un festin à Médine, où les convives, échauffés par le vin, s'étaient battus, en porta ses plaintes à Mahomet : celui-ci publia alors le verset de l'Alcoran qui se lit dans le chapitre intitulé *Maïdah* ou *de la Table*, dans ces termes :

« Certainement le vin, les jeux de hasard, les pierres sur lesquelles on sacrifie des chameaux ou autres animaux pour être partagés par le sort des flèches, sont toutes choses abominables devant Dieu ; retirez-vous-en, afin que vous vous sauviez. »

Nonobstant ces paroles si claires, il y a beaucoup de Mahométans qui ne croient pas que le vin leur soit absolument défendu.

[1] Les Musulmans, et surtout les Turcs, font un grand usage du jus de pavot qu'ils nomment *Afioun*. Ils se servent aussi d'une autre plante, qu'ils ap-

C'était sans doute de cette plante que Dallé Mutalcha[1], cette fameuse magicienne d'Égypte, présenta à ceux qui voulaient la faire périr, quand elle les changea en toutes sortes d'animaux. C'est l'effet que produit le jus du pavot : elle tire de la classe des hommes celui qui en fait usage, pour le ranger sous celle des bêtes. Voyez la démarche d'un preneur d'opium : il s'avance à pas lents et tardifs ; ses jambes peuvent à peine soutenir son corps, tout maigre et décharné qu'il est; ses yeux pâles et éteints, ses joues creuses, son teint livide et plombé, font douter, en le voyant, si c'est un cadavre sorti du tombeau ou un être qui respire.

---

pellent *Benk*, dont la principale qualité, de même que celle du pavot, est d'enivrer et d'endormir. Quoiqu'il ne soit pas fait mention de ces drogues dans l'Alcoran, cependant les docteurs les plus rigides regardent ceux qui en font usage comme des infracteurs de la loi. La raison que ces docteurs allèguent, est que, ces deux drogues ôtant la liberté de l'esprit et privant de l'usage de la raison, elles produisent le même effet que le vin, et doivent être proscrites également.

1 Fameuse magicienne d'Égypte, dont il est beaucoup parlé dans les romans orientaux, et que l'on peut comparer à Circé.

Sur la parure et sur les dettes.

Prenez garde, mon fils, de vous livrer à un luxe excessif dans vos habillemens ; la beauté étant une des qualités que les hommes prisent le plus dans les femmes, elles sont excusables de rechercher avec empressement tout ce qui peut la relever. La parure est faite pour la femme ; l'homme ne doit songer qu'à orner son esprit de connaissances utiles et agréables. Mais sous le prétexte d'éviter une parure trop recherchée, il ne faut pas donner dans l'autre extrémité, et avoir un air cynique. La propreté et la modestie, dans les habits, ne sont pas incompatibles. Que votre habillement soit conforme à votre état ; cependant quelles que soient vos richesses, ne portez point des fourrures trop précieuses. Celles de renard noir et de martre zibéline ne sont que les dépouilles des animaux ; quelle petitesse d'esprit n'y a-t-il pas à en tirer vanité ? souvenez-vous qu'à la mort il vous faudra quitter ces habits superbes, et qu'il ne vous restera qu'un linceul.

Le faste dans les habits plonge dans les dettes, et les dettes précipitent dans une infinité de malheurs. Celui qui est endetté perd le bien le plus précieux de la société, qui est la liberté ; il devient l'esclave de son créancier : le terme d'un billet échu qu'il est dans l'impossibilité de payer, est pour lui le terme de la vie ; la prison où il est renfermé, lui paraît un tombeau. Un usurier avide abuse de son malheur ; bientôt un change énorme absorbe tout son bien, et achève de le ruiner : il est traîné de tribunaux en tribunaux, et il devient enfin la fable de toute une ville. Voilà, mon fils, les maux qui accompagnent le luxe : je vous en ai fait la peinture, afin que vous les évitiez. Il vaudrait mieux être couvert de haillons, aller même tout nu, que d'être endetté : l'on jouit au moins de la liberté.

Ne prêtez jamais de l'argent ; l'on est souvent la victime de trop de bonté. La droiture et la reconnaissance sont deux vertus bien rares parmi les hommes. Ils oublient aisément les bienfaits, et nient leurs dettes : les faux sermens ne leur coûtent rien ; et ils aiment mieux consumer leur argent en frais de justice, que de payer leurs dettes. Votre débiteur est-il attaché à quelque pacha, osez-vous alors lui demander votre argent ? son protecteur va solliciter lui-même les juges, il suborne de faux témoins, et malgré la justice de votre droit, son crédit le met à l'abri de toutes vos poursuites. Ce siècle est si pervers, que l'on n'ose pas même rendre service,

Sur l'ambition.

Portrait de ceux qui recherchent la faveur des pachas.

N'écoutez point, mon fils, la voix de l'ambition ; fuyez les dignités élevées ; le bonheur est dans la médiocrité, les grandes affaires entraînent après elles de grands soins, et celui qui en est chargé, doit renoncer à sa propre tranquillité. Mais c'est peu que de faire le sacrifice de son propre repos, il devient encore l'objet de l'envie publique : la jalousie se déchaîne contre lui, et la calomnie aiguise ses traits.

Le sage fuit les cours des pachas. — Eh ! qu'irait-il faire dans des lieux d'où la vertu est bannie, et où règnent l'injustice et la tyrannie ? la science, le mérite, la probité, ne sont point des qualités qui puissent nous attirer la faveur des gouverneurs de provinces ; ils ne l'accordent qu'à d'infames délateurs, qui ont le coupable talent de les enrichir, en leur apprenant l'art de fouler les peuples.

Les pachas ressemblent au chasseur avide, qui se sert du faucon pour faire la guerre aux habitans des airs. Ils mesurent la considération qu'ils nous accordent sur l'utilité dont nous leur sommes. Celui qui fait couler l'or et l'argent dans leur trésor, en ouvrant les canaux de l'injustice et de la vexation, devient leur favori. Quiconque veut parvenir auprès d'eux, doit renoncer à tous les principes de l'honneur et de l'équité. Il faut sacrifier les peuples à leur avidité, porter la désolation dans les familles, et devenir l'objet de la terreur et de la haine de toute une province.

Examinez, mon fils, la conduite d'un ambitieux qui veut parvenir à jouir seul de la faveur d'un pacha. Des rivaux dangereux lui font-ils obstacle? il emploie tour à tour la trahison, la calomnie, les noirceurs les plus atroces : les crimes ne lui coûtent rien, pourvu qu'il puisse réussir. Mais ses desseins injustes ne réussissent pas toujours. Ceux qui courent la même carrière, et qui sont aussi méchans que lui, l'arrêtent dans sa marche, et le font rentrer dans le néant d'où il est sorti. Que s'il est assez heureux pour terrasser son adversaire, il se livre alors à la vengeance la plus cruelle ; il ne peut l'assouvir qu'en faisant couler tout le sang de celui qui a osé lui résister. Ses intrigues, ses crimes l'ont enfin conduit à la place après laquelle il soupirait depuis si long-temps. Ses rivaux ont pris la fuite ou ont péri. Il possède seul la faveur du pacha, qui n'est plus conduit que par ses conseils, et qui reçoit toutes les impressions qu'il lui donne.

Quel changement son élévation ne cause-t-elle pas dans sa personne ? L'orgueil est peint sur son visage ; le fiel le plus amer découle de sa bouche. Il daigne à peine jeter un coup d'œil sur ses anciens amis. Il faut fléchir le genou devant cette idole et encenser ses caprices. Quiconque ose le contredire, est perdu sans ressource ; il empêche de réussir toute affaire qui n'est pas entreprise sous ses auspices. Habile dans l'art de fouler les peuples ; les boutiques, les fours, les bains, les jardins sont soumis à un nouvel impôt qu'il s'approprie. Il envahit enfin le bien du public et celui des particuliers.

Mais son bonheur n'est ni pur, ni constant ; la crainte, la défiance, les soupçons, mille passions différentes agitent son ame. L'idée de ses crimes se présente sans cesse à son esprit et le tourmente : souvent une mort violente le plonge dans la nuit du tombeau ; ou bien un ennemi puissant s'élève contre lui, le terrasse, et il termine sa carrière dans un triste exil ou dans une prison obscure. Malheur à l'homme avide et ambitieux, qui fait couler nuit et jour les larmes des peuples désolés ! ces larmes réunies forment enfin un torrent qui l'entraîne avec ses richesses criminelles.

Je vous ai fait, mon fils, le portrait des grands dévorés d'ambition ; il faut maintenant vous tracer celui des grands qui ont la modération et la probité en partage. On ne les voit point assiéger la porte des pachas, et tâcher de s'insinuer auprès d'eux, pour leur faire commettre mille injustices. Ils ne sont ni courtisans, ni flatteurs. Leur bien, fruit de leur épargne ou de celle de leurs ancêtres, est administré sagement et les fait vivre avec dignité. Les ambitieux censurent une conduite si opposée à la leur, et les accusent de lâcheté et de faiblesse ; mais ils méprisent leurs vaines clameurs et coulent des jours purs et sereins. Prenez, mon fils, ces derniers pour modèles ; que votre ame soit inaccessible à l'ambition. Fuyez la cour des pachas ; ce n'est pas là où réside le bonheur : il est chez vous, si vous savez y attirer des amis vertueux, et si vous pouvez occuper votre loisir par une lecture utile et agréable.

Sur le mensonge, l'hypocrisie et la véritable sainteté.

Que votre bouche, mon fils, soit le temple de la vérité et non pas celui du mensonge. Celui qui ne craint pas de souiller ses lèvres par une fausseté, est le plus méprisable de tous les hommes. Le mensonge est la source d'une infinité de maux ; mais il ne suffit pas de ne point blesser la vérité ; il faut encore fuir ceux qui la trahissent. La prophète a dit, que la bouche du menteur, semblable à un gouffre empesté, infectait l'air de tous les environs. Si l'on paraît douter de ce que vous dites, ne cherchez pas à l'affirmer par des sermens. La parole d'un honnête homme doit avoir toute l'autorité des sermens : il n'y a que trop de gens sans foi et sans pudeur, qui en abusent pour appuyer le mensonge.

Le faux dans les actions n'est pas moins contraire à l'amour de la vérité, que le faux dans les paroles. Défiez-vous de ces hypocrites qui affectent un air de sainteté ; leur extérieur modeste, leur barbe longue et négligée, l'étoffe grossière dont ils sont vêtus, leurs yeux, élevés tantôt vers le ciel, tantôt baissés vers la terre, tout enfin conspire à en imposer au faible vulgaire : mais leur cœur est faux, corrompu et rempli du plus subtil poison de l'hypocrisie. J'attaque ici les faux dévots; à Dieu ne plaise que mes traits portent sur la véritable dévotion !

Les faux dévots veulent tout envahir : ils se rendent les arbitres des procès, les tyrans des familles, et la terreur des enfans qu'ils privent de la succession de leurs pères pour se la faire adjuger; l'on vend ses biens pour les distribuer à ces fourbes qui disposent, à les en croire, des trésors du ciel, et qui les distribuent, pourvu qu'on leur fasse part de ceux de la terre. Ils n'ont ni mérite, ni science, ni vertu : ils couvrent leurs défauts par de belles apparences. Leur extérieur joue la mortification, et ils prêchent la morale la plus sévère, tandis qu'ils se livrent en secret à toutes sortes de voluptés. Ils débitent avec emphase cinq ou six mots de spiritualité, et affectent un langage mystérieux pour mieux tromper les ignorans. Cependant les personnes simples et crédules deviennent leur dupe, et les prennent pour de véritables saints. Bientôt leur nom devient célèbre : les ambitieux qui briguent les honneurs, les filles qui cherchent un mari, tous ceux enfin qui forment quelque vœu vont les consulter, et les conjurent d'intéresser le Ciel en leur faveur.

Si l'imposteur dont je parle, est un fourbe habile, qui ait des songes et des révélations de commande; s'il sait contrefaire l'inspiré, il tord affreusement la bouche, il roule des yeux égarés; mais surtout s'il flatte ceux qui le consultent, et qu'il ait l'adresse de leur prédire des choses agréables, il ne manque pas de réussir. Si par hasard une de ses prédictions hasardées est vérifiée par l'événement, c'est alors que la foule des cliens augmente; les grands, les petits assiégent sa porte; les présens pleuvent de tous côtés, et ses richesses augmentent avec la réputation de sa sainteté.

Prenez garde, mon fils, de vous livrer à ces imposteurs. Les véritables saints ne sont pas avides des biens périssables de la terre. Ils sont humbles, cachés et se dérobent aux yeux du vulgaire. Ils ne cherchent pas à éblouir les yeux de la populace par des prestiges. Leurs miracles sont revêtus du sceau de l'authenticité. Ils commandent aux élémens et aux maladies. La mort même obéit à leur voix, et leur rend la proie dont elle s'était déjà saisie. Ils sont les favoris du Tout-puissant, qui se plaît à les instruire de ses secrets. Ils sont cause que Dieu conserve le monde ; et ils désarment son bras vengeur, prêt à le faire rentrer dans le néant.

Sur le printemps et sur la musique.

Le printemps, mon fils, est la plus belle de toutes les saisons; la nature, qui paraissait expirante, pendant les rigueurs de l'hiver, se ranime et reprend une vie nouvelle; tous les êtres qui la composent sont dans un doux mouvement, et tout annonce une révolution générale. La séve dans les végétaux, et le sang dans les animaux, circule avec plus de rapidité. Les arbres se parent de leurs nouveaux vêtemens, et les prés sont émaillés de mille fleurs naissantes. Les ruisseaux, dont l'onde captive paraissait enchaînée par les noirs aquilons, brisent leurs chaînes à l'approche des doux zéphirs. Les oiseaux chantent leurs plaisirs, et font retentir les bois de leurs ramages amoureux.

Livrez-vous, mon fils, à tous les charmes de cette belle saison. Abandonnez alors la pompe des cités, pour habiter les humbles campagnes. Elles ont été le premier séjour de l'homme; l'on y goûte des plaisirs moins brillans peut-être, mais plus purs que ceux que l'on prise tant dans les villes. C'est-là où le philosophe, après avoir contemplé la nature, ne peut s'empêcher d'admirer la grandeur de Dieu dans ses ouvrages.

Les prairies et les forêts ne laissent point de tristesse dans le cœur de l'homme. Est-il un lieu plus favorable aux amans, et où ils puissent mieux entretenir leur douce rêverie? tous les sens sont flattés à la fois : les yeux par la verdure, l'odorat par le parfum qu'exhalent les fleurs, et le chant du rossignol fait les délices d'une oreille sensible. Que la musique ait de l'empire sur votre ame ; abandonnez-vous à toutes ses impressions; qu'elle vous enlève et vous transporte hors de vous-même. La musique, ainsi que la poésie, peint les objets à l'esprit. Elle exprime les différentes passions ; elle a des ressorts secrets, tantôt pour nous attendrir, tantôt pour nous mettre en courroux : l'on dirait dans ces instans que le cœur est d'intelligence avec les oreilles.

Sur la poésie.

Avant de courir, mon fils, la pénible carrière de la poésie, il faut consulter vos forces ; si vous sentez au dedans de vous-même ce feu divin qui embrase les grands poètes, livrez-vous alors à votre génie. Nourrissez d'abord votre esprit par la lecture de ceux qui ont excellé dans l'art des vers. Néfi et Baki tiennent le premier rang parmi les Turcs. La Perse, fertile en beaux esprits, a produit un grand nombre de bons poètes. Quelle pureté et quelle force ne trouve-t-on pas dans Saïb et dans Kélimi ; Djami, Nourri et Hakani brillent de mille beautés que l'on ne peut décrire. Sadi, comme un tendre rossignol, fait retentir les bocages de ses accens mélodieux. Chevket, semblable à un aigle, élève son vol ambitieux jusqu'au ciel. Hafiz chante l'amour et le doux jus de la treille, tandis qu'Attar tâche de rendre les hommes plus vertueux par les préceptes de la plus sublime morale.

Les Arabes n'ont point cultivé avec moins d'ardeur la poésie que les Persans : ils ont même plus de cet enthousiasme divin, de cette fureur poétique (si j'ose ainsi m'exprimer) qui saisit, échauffe et enlève le cœur. Leur style est impétueux, leur imagination vive peint avec force les objets, et ils mettent dans leurs vers toute la chaleur du climat qu'ils habitent. Ils ressemblent à un diamant qui étincelle de mille feux ; mais pour sentir leur beauté, il faut entendre leur langue. Quiconque veut atteindre la perfection, doit savoir parfaitement l'arabe et le persan : ces deux langues sont comme les ailes avec lesquelles un poète qui veut prendre son essor, peut s'élever dans les airs : sans leur secours il rampera toujours par terre.

Voulez-vous, mon fils, que vos vers, estimés de vos contemporains, passent à la postérié ? que toujours la rime soit d'accord avec la raison ; que sous un emblème ingénieux, sous une allégorie fine, ils renferment une vérité utile ; qu'ils contribuent enfin à rendre les hommes plus vertueux. Le jardin de la poésie est sec et aride, s'il n'est arrosé des eaux de la philosophie.

La plupart de nos poètes médiocres ne parlent que de narcisses, de boucles de cheveux, de vin et de rossignol. Veulent-ils faire le portrait de la beauté imaginaire dont ils sont épris, ils la comparent tantôt au printemps, tantôt à une prairie émaillée. Ses lèvres sont comme la rose, et son teint comme le jasmin. Serviles et froids imitateurs, leur imagination languissante ne leur présente point de nouvelles images ; ils n'osent marcher par un chemin qui n'a pas été tracé.

La vérité, mon fils, n'a pas besoin de la satyre, pour nous faire entendre sa voix. N'occupez donc jamais votre muse à ce genre de poésie. Un satirique de profession est redouté de tout le monde, et personne ne croit être à l'abri des traits malins de sa plume. La haine, l'envie se déchaînent contre lui, et les maux que lui causent ses vers mordans, le font repentir mille fois de s'être livré à son génie caustique.

Sur la médisance et les nouvellistes.

La médisance, mon fils, est une pente secrète de l'ame à penser mal de tous les hommes, et à donner à leurs actions les plus indifférentes un motif criminel. La calomnie va plus loin ; elle aiguise ses traits contre la vertu même : désespérée de ne la trouver sujette à aucune imperfection, elle lui en suppose pour ternir son éclat.

Un médisant et un calomniateur sont regardés comme les fléaux de la société : le silence règne dès qu'ils paraissent dans une assemblée ; et l'indignation est peinte sur tous les visages. Dès qu'un homme de ce caractère a appris quelque chose de désavantageux sur quelqu'un, il est impatient de le faire savoir à toute la ville ; il court de maison en maison : c'est une outre remplie de vinaigre, qui crève si on ne la vide promptement.

Les noirs chagrins résident sur le front du médisant : son cœur ne s'ouvre à la joie qu'en affligeant les autres : sa bouche, semblable à l'antre de la Discorde [1], vomit les brouilleries, les querelles, les haines, les inimitiés et tous les autres monstres qui troublent la société.

Les nouvellistes, moins dangereux, sont plus ridicules ; leur bouche est comme l'entrepôt de toutes les nouvelles fausses ou véritables. Rien de ce qui se passe dans l'empire ne leur est caché ; ils annoncent la nomination ou la déposition de tous les pachas. Ils savent, à les entendre, tout ce qui se passe dans le divan de notre auguste sultan ; et ils prédisent la paix ou la guerre. Les négociations les plus secrètes, ne le sont pas pour eux, et rien n'échappe à leur prétendue sagacité. Ils s'entretiennent de mille projets chimériques, et sont occupés de l'État, tandis qu'ils négligent leurs propres affaires. Les imbéciles les écoutent avidement et les admirent ; tandis que les gens sensés se moquent de leur babil inutile.

---

1 (Antre de la Discorde.) J'ai ajouté ces mots, qui ne sont pas dans le texte, les Turcs n'ayant aucune connaissance de la fable.

La lecture du testament de Nabi-Efendi servit de prière du soir; chacun se sépara en silence, et le lendemain le Rajah prenait congé de son hôte.

C'est ainsi que le Rajah mettait à profit les conseils du vieux Brahmine, leur montrant tout ce qui était beau et bon, tout ce qui était sagesse et poésie; les instruisant à chaque pas de la route dans les lois et dans les mœurs de son pays, et mettant en pratique en toute occasion les belles sentences des sages; ses fils, de leur côté, l'écoutaient avec soumission et respect.

Le Rajah fut bien payé de la peine et des soins qu'il s'était donnés pour obéir à cette maxime:

N'espérez pas recueillir où vous n'avez pas moissonné.

FIN DES FILS DU RAJAH ET DU TOME II.

TABLE

DU TOME SECOND.

	Pages.
Préface	v
Les fils du Rajah	1
La Reconnaissance de Sacountâla	77
Le Persan	182
Conseils de Nabi-Efendi à son fils	198

www.ingramcontent.com/pod-product-compliance
Lightning Source LLC
Chambersburg PA
CBHW070634170426
43200CB00010B/2024